TOKYO+（プラス）
ひときわ輝く商店街

東京オリンピックに向けた、
インバウンド対応からIT導入、空き店舗対策

一般社団法人 東京都中小企業診断士協会認定
商店街研究会：編著

商店街研究会の
設立15周年記念発刊にあたって

　平成14年6月、商店街を支援するために中小企業診断士の仲間数十名でこの研究会を設立しました。毎月の例会では、元気のある商店街や活性化に取り組む商店街を数多く視察し、現場での有意義な成功談や苦労話をお聞きする中で、商店街活性化のポイントを研究してまいりました。4年前の平成25年には、設立10周年を記念して、このような成果を『TOKYOキラリと光る商店街』にまとめて同友館様から出版し、東京の25商店街の事例を紹介させていただきました。

　今回の出版では、商店街の現状を少しでも改善し、人口減少時代の商店街やまちづくりの参考になればと、東京を中心とした各商店街のアイディアや参考事例をさまざまな切り口から紹介しました。

　われわれの目的は、商店街が街の顔として、にぎわいを取り戻すことです。また、商店街が単なる消費の場から、地域の公共を支える場となるためにも、協力を惜しまないで取り組んでいくつもりであります。

　最後に、対談に快くご協力いただいた東京都商店街振興組合連合会理事長の桑島俊彦様には厚く御礼申し上げます。また、本書の執筆に協力いただいた商店街研究会の先生方、取材などにご協力いただいた商店街の理事長・会長の皆様、編集の労をお取りいただいた株式会社同友館編集部の皆様の多大なご協力に対し、研究会を代表して、厚く御礼申し上げます。

　　　　　　　　　　　　　　一般社団法人東京都中小企業診断士協会
　　　　　　　　　　　　　　認定研究会　商店街研究会会長　鈴木　隆男

| 目次 | TOKYO＋（プラス）ひときわ輝く商店街 |

003	商店街研究会の設立15周年記念発刊にあたって	鈴木 隆男
006	対談 地域を支え、地域に支えられる商店街 16の取組み・テーマから今後の活路を探る	桑島 俊彦＆鈴木 隆男
018	総論 商店街の役割と今後の展望	柳田 譲

第1章　商店街の運営体制

024	【安全・安心】地域生活者と来街者に安全・安心なまちづくり 明大前商店街、歌舞伎町商店街	小澤 栄一
034	【財源と組織】稼げる商店街——事業収益をあげる商店街運営 モトスミ・ブレーメン通り商店街	野口 佐智子
046	【空き店舗対策】地域を巻き込み、事業の継続性を確保 さいたま北商工協同組合、天神橋商店街	遠藤 光司・本田 崇

第2章　活性化、販売促進

058	【店主セミナー】「店主のこだわり講座」で商店街を活性化 東十条銀座商店街	田村 隆彦
068	【まちバル】世田谷区内に広がる「ちょい飲み商店街」現象 八幡山商福会商店街、千歳烏山駅周辺5商店街	松原 憲之・永井 謙一・田島 哲二
080	【ポイントカード】商店街ポイントカード——成功のヒントと将来性 烏山駅前通り商店街、モトスミ・ブレーメン通り商店街	中島 誠・秋山 典克
091	【一店逸品】仲間と磨き上げる、個店の唯一価値 あらかわ逸品の会、白金商店会	板橋 春太郎

101	【IT】SNS活用による商店街活性化
	仙川商店街 …………………………………………… 富田　良治
110	【インバウンド】商店街をあげて外国人観光客をもてなす
	しもきた商店街、原宿表参道欅会 ………… 山中　令士・大場　敬子
120	【地域資源活用】地域への愛情を推進力にコト消費の空間を提供
	霜降銀座栄会、湯河原駅前通り明店街 ……… 遠藤　光司・西岡　邦彦
131	【商店街ハロウィン】地域の将来の担い手を生む、商店街ハロウィン
	裏浅草ハロウィン、荒川なかまち通り商店会 ………… 板橋　春太郎

第3章　地域連携

144	【学校連携】若い力とアイディアを取り込む学校連携
	芝商店会、国立ダイヤ街、富士見台名店街（むっさ21）、
	谷保駅北口商店会 ………………………… 大嶋　謙一・西岡　邦彦
154	【地域行政】まちづくりのアイディアに中小企業診断士を活用
	観音通り共栄会 ……………………………………… 三海　泰良
164	【まちづくり協議会】まちづくり協議会との連携による商店街活性化
	東向島駅前商店街 …………………………………… 伊藤　智昭
174	【広域連携】行政区を超えて、商店街が連携する
	葛飾区商店街連合会、江戸川区商店街連合会 ………… 村上　章

第4章　再開発手法

184	【不動産所有と利用の分離による中心市街地商店街の再生】
	民間主導での商店街再生の取組み
	高松丸亀町商店街 …………………………………… 鈴木　隆男

◆　　　　◆　　　　◆

195	執筆・編集者一覧
198	商店街研究会15周年記念出版完成のお礼 ………… 秋山　典克

対談

地域を支え、地域に支えられる商店街
―16の取組み・テーマから今後の活路を探る―

桑島 俊彦 × 鈴木 隆男

桑島 俊彦
東京都商店街振興組合連合会理事長
全国商店街振興組合連合会理事最高顧問
㈱全国商店街支援センター代表取締役社長

鈴木 隆男
東京都中小企業診断士協会認定
商店街研究会会長

商店街のカリスマリーダー桑島俊彦氏と商店街支援のエキスパート鈴木隆男氏が対談を行い、商店街が抱える課題と可能性・方向性について、思いの丈を語った。

桑島氏は、東京都や全国の商店街組織を束ねるリーダーとして、全国の商店街の実態・現状を熟知している。また、㈱全国商店街支援センターの社長でもあり、商店街活性化をサポートしていく中で、取組みの効果もデータで把握している。

鈴木氏は、中小企業診断士として商店街支援の豊富な実績を持ち、東京都中小企業診断士協会認定「商店街研究会」会長として研究会を牽引している。

(構成：野口 佐智子)

商店街はコミュニティの担い手

――**商店街研究会発足から15年となりますが、振り返って感想はいかがですか。**

鈴木 平成14年に当研究会が誕生した頃は、小売店の減少、シャッター商店街など、地方の商店街の衰退がマスコミで取り上げられるようになった時期でした。当時の会員数は30～40人でしたが、今では100人を超える規模になりました。

研究会設立から10年目に、『TOKYOキラリと光る商店街』のタイトルで、1回目の出版を行いました。平成29年に設立15周年

を迎えるにあたり、再度出版を計画し、桑島理事長に前回と同様、対談をお願いした次第です。

　前回は、東京都内の特徴的な商店街の活動内容を紹介しましたが、今回は取組み・テーマに焦点を当て、全国の商店街の事例を取り上げました。商店街の会長・理事長、行政の商店街担当者、支援者が「このような方法なら、私の商店街でもできる」と感じてもらえるような本を目指しました。

——この15年間で、商業を取り巻く環境は大きく変化しました。

鈴木　商業統計では、平成19年に小売業の商店数は約90万店舗あったのが、平成26年には64万店舗に減っています。

桑島　数が減ったとはいえ、日本の小売店の40％は商店街であるし、300万弱の人が雇用されています。ある意味で、基幹産業といえます。消費者・生活者と一番近いのは商業ですから、それが社会的貢献をし、公共的役割を担っていることを示せば、地域住民の商店街に対する信頼も高まり、支持してもらえます。

——桑島様は東京都商店街振興組合連合会の理事長のお立場ですが、この15年間で、東京都の商店街施策はどう変化しましたか。

桑島　私が東京都商店街振興組合連合会の理事長になった平成13年には、東京都の商店街予算は7億円でした。都議会に商店街振興議員連盟を発足させ交渉した結果、7億円から15億円、25億円、30億円、48億円と増えています。

　今年、小池新知事が来年度予算を査定することになり、私は商店街予算要望のためヒアリングに行き、商店街の意義を都知事に説明しました。「商店街はコミュニティの担い手です。安全・安心、環境、子育て、食育、お年寄りの相談相手、文化の創造・伝承など、都民の日常生活を支える公共的役割を担っています」と申し上げました。そして、「全部ボランティアですから、われわれが活躍すれば、地方自治体の行財政改革の一助になります」、「東京都には2,600ほどの商店街がありますが、その中で法人格を持っている商店街は400です。公共的役割を担うには、公的に認められる法人格を持たなくてはなりません。法人格を持たない任意の団体が法人格を有する

団体になるには、インセンティブが必要です」と支援を訴えました。

その結果、小池知事は、予算を増額してわれわれの要望に応えてくれた上に、知事からの提案で、「商店街ステップアップ応援事業」、「若手女性リーダー応援プログラム」、「商店街空き店舗活用事業」など、新規に予算をつけてくれました。

空き店舗活用事業については、すごく優れた店の経営者が空き店舗に入れば、その店に一気に花が咲き、その花が商店街中に波及していくという考えから、1件当たりの金額が非常に大きくなっています。ただ単に、空き店舗を埋めればいいというものではないのです。

キラリと光る繁盛店づくりが基本

——桑島様は、(株)全国商店街支援センターの社長でもいらっしゃいますが。

桑島 平成21年に、地域商店街活性化法という法律をつくってもらいました。その法律に基づいて、全国商店街支援センターを中小企業4団体でつくりました。毎年平均6～7億円の予算規模で、商店街を元気にするための支援を行っています。

——これまで一番効果を実感した商店街活性化施策は何だったでしょうか。またそれは、どのような効果を及ぼしたのでしょうか。

桑島 前回の対談で商店街活性化の大切な要因として、キラリと光る個店が重要と申し上げました。全国商店街支援センターでは、アドバイザーを派遣して、繁盛店づくり支援事業を実施しました。これが結構効果があって、平均して、前年比25％の売上増になっています。それほどお金もかけず、考え方・取組み方・意識改革で売上はあがるという実績をつくってきました。

例えば、北九州市の旦過市場では、アドバイザーの指摘を実践したところ、売上が前年比180％も伸びて、行列ができる店が続出した事例があります。さらに、それを見たまわりの店舗が店づくりの大切さを改めて実感し、商店街全体が元気になっています。

支援事業によって、商店街の個店同士、商売の方法や店づくりに

地域社会で最大公約数を担える
リーダーが重要

桑島 俊彦(くわじま としひこ)
1941年生まれ。東京都商店街振興組合連合会理事長、(株)全国商店街支援センター代表取締役社長などの要職を兼務。地元・烏山駅前通り商店街のスタンプ事業は「烏山方式」として全国のモデルとなった。平成24年春の叙勲では、商店街の振興発展と組織の育成強化に尽力した功績により、旭日中綬章を受章。

ついて話す機会が持てるようになり、切磋琢磨する関係ができています。そういう関係性が、商店街をより盛り上げていくのだと感じます。

鈴木 売上が180%も伸びたのは、すごいですね。

固定客化につながる「まちゼミ・まちバル」

桑島 商店街の商店主やスタッフは、コンビニやスーパーなどのアルバイト店員とは違い、プロの技や知識を持っています。だから、「まちゼミ」は活性化に効果があると思います。「お客よし、世間よし、お店よし」という三方よしの「得する街のゼミナール」というものを岡崎の松井さんが広げていきました。支援センターでも、「まちゼミ」を支援しています。それも影響して、全国に広まり、現在、280ヵ所で実施しています。

　また、地域活性化と飲食店の集客支援を目的としたイベントに「まちバル」があります。小料理屋や寿司屋などは、入店してみないと値段がわからないので、敷居が高いと感じる人が多くいます。「まちバル」は、例えば700円のチケット5枚を3,500円でお客様が購入し、チケット1枚で料理一品とワンドリンクが楽しめ、お店を食べ歩くイベントです。安心してお店に行くことができ、街の小さな店に行ってみたら、とても美味しく親切だったとお客様に認知し、体験してもらえます。そういう点から、お客様の固定化を図ろうとしています。

まちゼミやまちバルを実施することによって、お客様との信頼関係が築けて、30％くらいは顧客として固定化しているようです。

個店の繁盛が商店街全体に波及する

鈴木 個店が繁盛していくと、商店街全体にも影響はありますが。

桑島 売上増加、顧客固定化など、いい情報を共有して、仲間をつくっていくと、商店街全体に波及します。まちゼミでもまちバルでも、1軒だけで行うのではなく、みんなで行うから効果があるのです。人間関係ができてくるし、組織力も向上します。

鈴木 そうなると、商店街全体の雰囲気が変わっていきます。

桑島 商店街が主催して、まちゼミやまちバルなどを実施する時には、商店街組合に加入していることを条件としています。それをきっかけとして加入を促進させ、商店街組織率を高め、組織を強くしていきます。そうすることで、地域・街とのつながりが深くなり、地域のコミュニティの中核的存在としての役割に資することができるようになります。

――商店街の加盟率を上げていくためには、どうしたらいいですか。

桑島 商店街に参加していても、ただ会費を納めているだけで、あまりメリットがなければ、退会者が増えてしまいます。商店街組合に加盟しているから情報が入る、補助金が使える、などのメリットを加盟店に実感してもらうことが必要です。自分の店舗の売上が増加すれば、みんなが商店街の力になってくれます。

ポイントカード事業の効果

――烏山駅前通り商店街（えるもーる烏山）では、スタンプ事業、ポイントカード事業にも取り組んでいますが。

桑島 私が若い頃は、商店街が繁盛するには、「まち力」がないといけないと考え、繁盛するまちづくりを行ってきました。えるもーる烏山の場合、ポイントカード（スタンプ）事業に取り組み、それによって、付加価値をつけ、安売りから自分の身を守ってきました。商店街の個店は、大型店やディスカウントストアのような資本力の

ある店舗と比べると、どうしても仕入コストが違います。

鈴木 大手は価格競争が得意で、大量仕入がその源泉になっています。

桑島 価格競争から脱却しないと、小さい店はひとたまりもありません。お客様にポイントを貯め、買い物・預金・イベントなどに参加してもらうことを通じて、商店街の楽しさ、魅力を感じていただくことができます。その結果、値段は多少高いが、地元で買い物をしてポイントをもらおうと思っていただけます。

鈴木 えるもーる烏山のポイントカードは、信用金庫でポイントを預金できるとお聞きしていますが。

桑島 信用金庫が定期預金の景品として、ポイントを年間何百万円も購入してくれました。10万円預金すると、最高1万円のスタンプが当たります。1万枚は100万円お買上げ分にあたり、とても人気が出ました。信用金庫の預金量も、始めた頃は120億円だったのが、今は350億円くらいになっています。信用金庫も商店街も潤うから、共存共栄できるのです。お客様もそのまま預金につなげられるので、利便性が高いというメリットがあります。

鈴木 ポイントカードは、高齢者の見守りにも役立っていますか。

桑島 高齢者に来街ポイントを進呈することで、外出を促し、健康を促進します。さらに、それが安否確認にもつながり、お年寄りの安全・安心を確保しています。

求められるリーダー像

——**商店街で、どのような人がリーダーとなり、どのように動いていくのがいいと思いますか。**

桑島 マーケティングやマネジメント能力に優れていることも有用な要素ではありますが、自分の街に誇りと愛着を持って、人心を掌握し、人を動員できる者が、商店街のリーダーとしてふさわしいと考えます。

——**いいリーダーの条件とは何ですか。**

桑島 やはり、人望だと思います。最終的には、「地域社会における最大公約数を担える人」でしょう。あの人がリーダーをしていると、

商店街はチャレンジの場
意欲ある若者・女性を取り込み
変化と創造を

鈴木 隆男（すずき たかお）
1951年生まれ。「商店街・まちづくり支援研究所」代表。流通業全般の財務・マーケティング・販売促進などを得意とする商店街支援のエキスパート。創業者の支援、店主の教育・アドバイスなど、個店のサポート実績も豊富。

「個店や街が元気になる」と思ってもらえることが大切です。

——**次期リーダーになる人を見極めるポイントは何ですか。**

桑島 まわりの支えている人たちを見ます。支える人がいない人はダメです。人が振り返ったら誰もついてこないような独善的な人は長続きしないし、組織がダメになっていきます。しかし、決断力のない人も向いていません。いいと思ったら、ある程度勇気を持って進まないといけません。商店街組織はまったくフラットな関係なので、その中でリーダーシップを取るのは、やはり大変なことなのです。

鈴木 私は、地域のコミュニティがある程度根づいていることがとても大事だと思います。

——**リーダーの育成について、考えをお聞かせください。**

桑島 全国商店街支援センターでは、「商人塾」をつくって、リーダー育成を行ってきました。商人塾を体験することによって、人の前に立って話すことが苦手な人も話せるようになり、しっかりとした考え方を持って商店街活動を行えるようになります。まちづくりとは楽しいこと、人の上に立ってリーダーを務めるのは意義があることを伝えてきました。

鈴木 リーダーシップを担ってほしい若い人が、なかなか商店街活動に参加しないという問題点があります。

桑島 価値観が変わってきました。熱意と能力を兼ね備えたリーダーが1商店街に1人いればいいのですが。昔は、商店街の役員のなり手

は結構いました。選挙しないと理事になれない状況でした。でも、今は頼むからやってくれという状況です。その点が悩みですね。

条例により進むチェーン店の協力

——**今、商店街ではナショナルチェーンの店舗が増えています。**

桑島 それが、一番の悩みです。チェーン店が増えると、街並みが画一的になり個性がなくなるので、商店街がつまらなくなります。また、大手は地域社会に協力しようとする姿勢があまりみられません。そこで、世田谷区で全国初となる加入促進条例がつくられました。商店街で商売をする人は商店街に加入してください、イベント実施時にはチェーン店も企業市民として参画して応分の負担をしてください、という条例です。

現在では全国に条例が広まり、条例がある自治体に出店をする時には、チェーン店でも商店街に加盟する企業が多くなってきました。それだけ世の中の流れが変わってきた、大手企業も成熟してきた、と思います。

外部との連携では、商店街がリーダーシップをとる

——**商店街で新たな取組みを行う際、地域団体、企業、学生、まちづくり団体など、外部組織とのつながりが大切になってきています。**

桑島 商店街の力だけでは、時に限界のみえてしまう活動が、他の団体との連携によって円滑に進み、新たな展開を迎えることが多々あります。ただ、学校やNPOなどとの連携では、商店街の方がリーダーシップを取って進めていくべきで、相手に頼ってしまってはいけないと思います。

鈴木 連携をする時の問題点というのは、どこを向くのかだと思います。方向性というか、何を連携する基準にするのか。

桑島 世田谷区には20弱の大学があり、いろいろな大学が商店街と連携をしています。だけど、際立って成果があがった事例はみられません。これだけ一生懸命やって、接点があっても難しいのです。だから、今、大学との連携では、観光に目を向けてもらっています。

まちなか観光は交流人口が増えますので、地域活性化につながります。

地域活性化につながるまちなか観光

——まちなか観光の話題が出ましたが、どのようなことをお考えになっていますか。

桑島 東京には今、約2,600の商店街があって、概ね1,600くらいがイベントを実施しています。そのイベントのマップをつくり、スタンプラリーをしたら面白いと思います。イベントからイベントへ渡り歩く、回遊する、そういう仕掛けです。

世田谷には、「まちなか観光協会」があり、電鉄会社やバス会社も加入しています。沿線の神社・仏閣など、近すぎて気付かない隠れた資源が結構あるので、そこに動きのあるイベントがあれば、静と動が一体となり、集客効果が期待できます。昼間の空いている電車が活用できて、両者にとってメリットがあるということで、世田谷区で実験に入っています。

鈴木 「世田谷線の10駅を歩くラリー」を開催していますが、とてもいいです。昨年の商店街グランプリを受賞しました。

桑島 世田谷線は下高井戸から三軒茶屋まで17分で走る電車で、距離は7kmくらいある。ラリーはインターネットで申し込み、会費を納めるのですが、募集人員2,000人があっという間に一杯になってしまいます。もっと広げたいのですが、キャパがなく、これ以上は無理なのが残念です。

——今、日本を訪れる外国人観光客が増えています。商店街でも、何か取組みが必要ですか。

桑島 観光のあり方そのものが、日本人の生活と文化を評価しながら街を歩く、つまみ食いをするというものに変わってくると思います。だから、爆買いをあてにしたらダメですね。

それから、世田谷区の商店街連合会と商工会議所が、すごくわかりやすい多言語対応のチャートをつくりました。そのチャートを使って指差しするのですが、その方がかえっていいコミュニケー

ションとなります。会話スクールに通わなくても、身振り手振りで商いはできるだろうと思います。

鈴木　台東区で外国人向けの旅館を経営している方にお話をうかがったことがありますが、ご本人は、英語が全然話せません。

桑島　商店街は、無理しなくてもいいのです。目と表情で言いたいことはわかります。ただ、サインだとか、バリアフリー、ユニバーサルデザイン、それから、トイレ、ベンチなどの施設・設備はやっぱり整備していかないといけません。

鈴木　やはり、トイレが一番課題だと思っています。ただ、街中にそんなにつくれないので、ある程度、商店の中でトイレが使えるようにすることは必要ではないかと思います。

商店街が地域を支え、地域が商店街を支える

——東京と比べて、地方の商店街が抱える問題点は何でしょうか。

桑島　地方の商店街の抱える最大の問題は、東京に比べ人口と来街者数が少ないことでしょう。しかし、地方の商店街においても、まちゼミのような取組みをすれば、地域住民の生活の楽しみが増え、個店のファン、ひいては商店街のファンを獲得できる可能性が非常に高くなります。まちゼミや繁盛店づくりのような取組みを続けることで、商店街の中に集客できる店を創ることができます。

　さらに、こうした取組みでできた商店主たちのつながりで、互いの顧客を紹介し合えるような関係性ができれば、顧客数が少なくても売上を効果的に伸ばすことができるのではないでしょうか。

——地方の商店街を盛り上げる方法はありますか。

桑島　行政が商店街を見捨てないで、もっとサポートしてほしいと思います。商店街が一生懸命汗をかいて力を尽くせば、街の安全・安心

も担えるし、文化の伝承もできます。高齢化社会の中、地域のお年寄りの見守りなども商店街に任せてもらえば、その期待に応えることができると思います。それに対する補助金をつけても、役所が直接手を下すよりはるかにコストが安くなります。

明大前商店街（東京都世田谷区）の民間交番は、年間300万円のコストで、ワーストワンの治安がベストワンになりました。その結果、土地の値段が上がり、駅の乗降客も増えました。民間交番は現行犯の逮捕以外はできませんが、抑止力にはなります。年間経費300万円のうち半分は世田谷区の補助金で、半分は自分たちで費用を出して安全を担っています。一方、交番は、3人警官が詰めていれば年間1億円以上のコストがかかります。地域に根ざす商店街の人たちが活躍すれば、いかに地域を担っていけるか、コストも安くすむかがわかると思います。

ただ、商店街がある程度、元気でないと難しいですね。元気な商店街なら、商店街がリーダーシップを取り、町会やNPOと一緒になって、公共的役割をしっかり担えます。

鈴木 人口が減少しているので、すべての商店街を活性化するのは無理だと思います。その中で、どの商店街が生き残るのかということだと思うのですが。

桑島 それは、地域社会が評価します。この商店街には生き残ってほしい、だから地域の生活者・住民も応援して協力しましょうと。やはり、基本的にはリーダーなのだと思います。

――商店街振興で、中小企業診断士に期待することは何ですか。

桑島 世田谷区では、平成16年に「顧問的中小企業診断士制度」をつくりました。私は、公金を使って事業やイベントを実施する時に大切なのは、コンプライアンスだと思います。それには、中小企業診断士や税理士などの専門家が入っていないとダメなのです。申請書類のアドバイスも大切ですが、その後のフォロー・ケアがもっと重要です。例えば、コンプライアンスをみてもらうなど、専門家がずっと寄り添ってくれれば、あまり心配ないと思います。

中小企業診断士には、「アドバイスだ」、「コンサルタントだ」と

上から目線でのアプローチにとどまらず、地域・商店街個店と同じ目線で、現状を打開できる（ブレークスルー）何かを与えるようにしてもらいたいと思います。

——**最後に、商店街活性化のために必要なことは何ですか。**

桑島　商店街が大型店と競合し、それなりの売上をあげていくためには、大型店にないものを追求していくことが必要です。商品の価格で勝負するのではなく、商品の品質にプラスして、そのお店にしかない、商品知識やサービス、接客などの部分を磨いていかなければなりません。そのプラスアルファの部分を得るために、知恵を出し合ったり、悩みを相談し合ったり、切磋琢磨し合ったりできるような人間関係が、商店街を構成する店主たちの間に構築できるといいのではないでしょうか。

　そのためには、一緒に学び、それを実践するような研修の場、取組みの場を商店街が提供する必要があると考えます。

鈴木　商店街は地域の資産であり、地域コミュニティにとって、なくてはならない存在です。商店街が活性化し、今後も重要な役割を担っていくためには、キラリと光る個店づくりが大変重要になります。商店街というインフラは、新たに創業を目指す方にとって、チャレンジの場でもあるので、新しい感性を持った若者や女性などを支援しながら、商店街の活性化につなげていきたいと考えています。

——**本日は、貴重なお話をありがとうございました。**

　地域にとって、商店街がなくてはならない存在になるよう、行政のサポートも得ながら、公共的役割を担っていけることを祈念しております。本書がその一助になれば幸いです。

総論

商店街の役割と今後の展望

商店街研究会顧問　柳田　譲

1 はじめに

　近年、以前と比べると商店街がマスコミに取り上げられる回数が増えている。そこには多分、超少子高齢化社会を迎えて、国の「地方創生」や「まちおこし」などに対する時代の要請がある。

　一方、情報発信サイドでも、それを受けて、商店街や商店街に立地する繁盛店など、隠れた地域情報を取り上げることで独自性を図っている。

　また、社会学者による商店街の考察本も出版され、さらに「街歩き」の雑誌も人気を博している。

　このような環境変化の中、何とか集客力をアップさせようとSNSを活用したさまざまな施策を打ち出して成功している商店街もある。まさに、知恵比べの様相である。

　そこで、商店街活性化の支援に携わっている者として、商店街の役割や未来について、検証していきたい。

2 商店街の現況

　東京都では、3年に1回、商店街の現況について調査している。調査の対象は都内約2,700あまりの商店街で、直近の調査は平成25年度に行われている。

　この調査によると、都内商店街は、会員数の減少とともに商店街役員の高齢化、さらに商店街数の減少傾向が続き、平成13年度から12年間

で約1割（248商店街）減少している。この傾向は東京都だけでなく、全国規模でも同じような傾向が続いている。

(1) 商店街の景況

図表1にある通り、「衰退している」が33.7％で、前回調査よりも＋10.2ポイントと大幅に増加しており、衰退傾向が拡大している。

また、図表2の通り、「商圏の広さ」、「商圏内人口」、「店舗数」、「来街者数」、「売上」の5項目について、2～3年前の状況と比較したところ「減少した」と回答した割合は「売上」が63.9％と最も多く、次いで「来街者数」が52.8％、「店舗数」が48.7％であった。

図表1　商店街の景況

	平成22年	平成25年
繁栄している	2.2％	2.3％
やや繁栄している	4.9％	6.2％
良くも悪くもない	19.0％	19.7％
やや衰退している	45.9％	32.7％
衰退している	23.5％	33.7％

出典：「平成25年度東京都商店街実態調査報告書」

図表2　商圏、商圏内人口、店舗数、来街者数、売上の推移

	増加した	変化なし	減少した
商圏の広さ	5.8％	50.6％	30.6％
商圏内人口	19.0％	43.0％	23.5％
店舗数	7.4％	32.6％	48.7％
来街者数	9.0％	25.2％	52.8％
売上	3.6％	19.2％	63.9％

出典：「平成25年度東京都商店街実態調査報告書」

(2) 商店街が抱えている問題点

商店街が抱えている問題点は図表3の通りで、「後継者が不足している」をあげたところが55.3％と最も多く、比率は前回より7.5ポイント下げているが、依然として商店街の最大の問題点となっている。

図表3　商店街の問題点

	平成22年	平成25年
後継者が不足している	62.8％	55.3％
商店街に集客の核店舗なし	48.7％	40.3％
スーパー・大型店の影響で集客力低下	34.7％	28.1％
商店街の業種構成に不足あり	32.8％	27.4％
経営力の弱い店が多い	27.1％	21.3％

出典：「平成25年度東京都商店街実態調査報告書」

さらに、「商店街に集客の核となる店舗がない、あるいは弱い」が40.3％、「スーパー・大型店の影響で集客力が低下している」が28.1％、「商店街の業種構成に不足がある」が27.4％で、いずれも主要な問題点となっている。

(3) 後継者不足への取組み

　商店街役員の平均年齢をみると、「70歳以上」が前回調査より5.7ポイント、平均在職年数も増加傾向にある。ここから、役員になる人材が不足していると推定される。また、青年部構成員の平均年齢をみると、「40歳未満」が8.9ポイント減少していることから、商店街を支える人材も高齢化している現状がうかがえる。

　これらのことから、「後継者不足」対策は喫緊の課題といえる。そこで、商店街の後継者不足への取組みをみると、**図表4**の通り、ほとんどの商店街で対策は講じられていない。

(4) 空き店舗の状況

　一方、空き店舗の状況は、**図表5**にみる通り、「ある」と回答した商店街は53.9％で、前回より6.9ポイント改善している。平成16年度調査から改善傾向にあるが、依然として過半数を超えて厳しい状況が続い

図表4　後継者対策の有無

	平成22年	平成25年
後継者不足の対策を行っている	4.0%	7.8%
後継者不足の対策を行っていない	87.1%	83.9%
無回答	8.8%	8.3%

出典:「平成25年度東京都商店街実態調査報告書」

図表5　空き店舗の状況

	平成16年	平成19年	平成22年	平成25年
空き店舗あり	62.5%	61.1%	60.8%	53.9%
空き店舗なし	32.0%	32.6%	30.2%	33.9%
無回答	5.4%	6.3%	9.1%	12.2%

出典:「平成25年度東京都商店街実態調査報告書」

図表6　商店街の取組み内容

取組み内容	回答数	構成比
イベント事業の充実	264	58.1%
研修、勉強会	42	9.3%
ポイントカード、スタンプ、商品券	42	9.3%
情報通信技術の活用、ホームページの活用	17	3.7%
「個店の努力」と「環境整備」	17	3.7%

出典:「平成25年度東京都商店街実態調査報告書」

ている。

空き店舗が埋まらない理由として、4割近くが「商店街環境の悪化（来街者の減少など）」をあげており、以下、「店舗の老朽化」、「立地が悪い」などが続いている。

また、空き店舗対策を行っている商店街は6.4%で、大部分の商店街では実施されていない。

(5) 商店街の取組み内容

商店街として、各店の経営力向上や売上増加のために具体的な取組みをしているかどうかについては、「行っている」は24.6%と、全体の4分の1程度であった。

具体的な取組み内容は、図表6に示すように、「イベント事業の充実」が約6割を占め、これに「研修、勉強会」、「ポイントカード、スタンプ、商品券」などが続いている。

3 商店街の役割・展望

平成28年末の流通業界の話題として、百貨店の年間売上高が36年振りに6兆円の大台を割り込んだことが大きく取り上げられている。また、GMS（イオン、セブンアイグループなど）も成長が鈍化し、成熟化している。

一方、ネット通販は市場規模を大きく拡大させており、今や大手企業だけでなく、中堅企業や商店街に立地する商店レベルまで浸透してきている。今後、ネット通販が一定の市場を占めることは間違いないが、で

は商店街の役割が消滅するかといえば、そのようなことはないと確信している。

一番わかりやすい事例としては、日本は東日本大震災という大きな災害に遭遇している。あの時、輸送も含めてインフラ網が途切れて、大変な苦労を経験した。やはり、生活者の近くにはリアルな店舗の存在が不可欠なのである。

また、前述した東京都の調査で商店街の問題点としてあげられた、「後継者難」や「核店舗なし」などに対する処方箋に、行政や関係者がどう関わっていくかも大きな課題といえる。

もちろん、個店が経営努力で顧客ニーズを取り込み、専門店化を図り、集客できるようになることが大前提になる。そうすることではじめて、後継者が現れ、事業の継続性が確保される。

その上で、商店街が主体的に課題解決に役割を果たしていくことが求められる。また、4人に1人が65歳以上という超高齢化社会となり、車社会からの脱却とともに近隣型商店街の必要性が叫ばれるようになった。そして、地域社会には、公共財としての役割がさらに期待されている。商店街を支える個々の店や行政、それを支える関係者の果たす役割が、ますます高まっているのである。

第1章
商店街の運営体制

- 安全・安心
  地域生活者と来街者に安全・安心なまちづくり
  明大前商店街／歌舞伎町商店街

- 財源と組織
  稼げる商店街——事業収益をあげる商店街運営
  モトスミ・ブレーメン通り商店街

- 空き店舗対策
  地域を巻き込み、事業の継続性を確保
  さいたま北商工協同組合／天神橋商店街

地域生活者と来街者に安全・安心なまちづくり

安全・安心

小澤 栄一

1 | このテーマ・取組みを取り上げた理由

ここでは、2つの商店街の安全・安心なまちづくりを目指す取組みを紹介する。商店街のこうした取組みの背景には、地域社会の絆が弱まっている現実がある。具体的には、地方から都市部への人の流入、転勤族や外国人の増加などによる住民構造の変化、生活様式や価値観の多様化、核家族化や少子化、住人の顔が見えにくい集合住宅の増加、共働き夫婦の増加などで、近隣の住民同士が無関心になってきている。その結果、地域の犯罪抑止力が低下してきている。

一方で、社会全体のモラルの低下、ストレスの要因の増加、生活レベルの格差の拡大、ゲーム世代のいたわりや思いやり心の希薄化、外国の犯罪組織の日本進出などにより、犯罪が発生しやすくなっている。

(1) 今なぜ、「安全・安心のまちづくり」なのか

地域の犯罪抑止力の低下と犯罪の発生要因の増加から、住民は治安への不安を感じてきている。そこで、犯罪に対する日常の安全・安心の視点で、地域住民（特に、子ども・女性）や来街者の犯罪被害への不安を軽減するための防犯に配慮したまちづくり、安全・安心な生活環境の確保が課題となっている。

(2) 「安全・安心のまちづくり」に、商店街ができること

犯罪を未然に防ぐ、もしくは、犯罪の発生する機会をつくりにくくするには、地域社会の絆の強化・連帯感の向上が不可欠である。そのためには、行政・警察・町内（自治）会・学校・PTA・商店街などが連携し合うことが重要である。さらには、地域のNPOやボランティアの協

力を得て、地域住民とその関係者を巻き込んで、犯罪を抑止していく取組みが必要である。そのような中、商店街には、もともと期待される基本機能の1つに「安全性機能」があり、その機能の充実・拡張を図ることで、地域に貢献することができる。

それを具体的に実行できた商店街は、地域の犯罪件数を減少させ、地域住民や商店街への来街者に安全・安心を提供している。

2 商店街の具体的取組み

(1) 明大前商店街
①商店街をめぐる状況

京王線の明大前駅エリアでは、交番の移転後に治安が悪化、その対策が求められていた。そこで、明大前商店街が、まちの安全・安心を守るため立ち上がることにした。

②取組みのきっかけ・流れ

平成12年、地元・松原小学校の学区が世田谷区内の小学校の中で「痴漢被害事件のワースト1」になるという、PTAや地域住民が驚愕する事態となった。松原小学校は多くの商店主の出身校であり、地元の商店街としても看過できない状況となった。一方、京王線明大前駅を中心とした松原町は、北沢警察署管内で「空き巣・窃盗・ひったくりなどの犯罪事件のワースト1」になっていた。

商店街と地域の消費者との懇談会においても、生命・財産に関する不安の訴えが多く出され、「商店街が消費者ニーズをくみ上げ、率先的に地域の安全活動に取り組むべき」との声が大きくなった。

商店街の概要

【商店街名称】明大前商店街振興組合
【所在地域】東京都世田谷区松原1～6丁目周辺
【商店街属性】近隣型
【商店街加盟店数】約230店
【特徴】駅前商店街

1 商店街の運営体制

そこで、商店街のコンセプトを「安全安心の街づくり」に決定し、防犯体制の強化が喫緊の課題となった。

③取組みの担い手と仲間たちの動き

明大前商店街では、住みよいまちづくりのために防犯パトロール隊を結成することを決議した。街の安全を守り、安心・安全な地域を目指して、平成13年10月20日に日本初のボランティアによる自警会を発足させた。その準備としては、

・地元警察と打合せを行い、報告と協力の要請をした。

・商店街だけでなく、地元の4つの町会の支持も獲得した。

商店街役員とボランティアメンバーで構成された自警会は、「明大前ピースメーカーズ」と命名された。そして、防犯パトロールを積極的に実施した。

ピースメーカーズの隊員は、「明大前ピースメーカーズ」の名称が入った蛍光色ジャンパーに、略称「MP」のイニシャルが入ったグリーン帽子を被り、目立ついでたちで、地域を監視している。また、自警会「明大前ピースメーカーズ」発足の半年後には、京王線明大前駅の前に、日本初の民間交番を誕生させることができた。

明大前ピースメーカーズは、民間交番「明大前ピースメーカーズBOX」を詰所(拠点)として、日々パトロールを行っている。

・小学校安全パトロール

毎日、小学校の登下校時に、通学路を安全に誘導し、「あいさつ運動」

●自警会「明大前ピースメーカーズ」
【組織】自警会会長=明大前商店街理事長
　　　　隊長=明大前商店街事業部長
【隊員数】50数人(商店街関係者:約8割、ボランティア:約2割)
【運営費】約300万円(年間)
　・収入:行政の助成金、支援協賛金、バザール売上、盆暮れのおひねり、不足分は商店街の会計より補填
　・支出:専従者の給与・パトロールにあたっての不測の事態に備えた隊員の保険料など

●民間交番「明大前ピースメーカーズBOX」
【建物】プレハブ建築　【完成】平成14年4月　【面積】15㎡
【土地】世田谷区役所と京王電鉄から無償貸与
【建設費】世田谷区から全額補助　【電気代】商店街負担

を展開している。「あいさつ」を通じ、子どもたちと地域住民が知り合いになっていくことが、防犯面にも役立っている。他には、運動会などの催事にも出動している。

・夜間パトロール

　月～土曜の6日間、夜7時から10時半の間の1時間、数名のチームでパトロールしている。

・青パトでのパトロール

　商店街から日本財団への1年がかりの働きかけにより、平成19年に民間初の青パトの寄贈を受けた。青の回転灯、サイレン、拡声器付きの本格的なパトロールカーにて、全域をくまなく週2回パトロールしている。

・特別パトロール

　盆踊り大会などの地域イベントの警備、交通整理を行っている。

④取組みの成果

・犯罪件数の減少

　自警会「明大前ピースメーカーズ」による防犯パトロールと民間交番「明大前ピースメーカーズBOX」の設置により、犯罪者を捕えることこそないが、犯罪発生の抑止力となっている。具体的な数値としては、平成13年に527件あった松原地区の犯罪件数が、平成28年には18件に

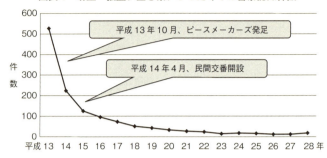

図表1 窃盗・強盗、空き巣、ひったくりの警察認知件数

まで大幅減少し、街の治安向上に大きく貢献している。松原1〜6丁目周辺の犯罪（窃盗・強盗、空き巣、ひったくり）件数は、**図表1**のように減少した。

また、犯罪件数の減少のみならず、ピースメーカーズのパトロールは人命救助でも成果を出している。

・地価の上昇

大阪大学を中心としたグループの研究発表では、「犯罪が10％増加すると、その街の地価が1.7％下落する」と試算している。逆に考えれば、犯罪件数の減少により地価アップに貢献したことになる。事実として、明大前駅周辺は、現在、京王沿線において資産価値が高いエリアと評価されている。

・来街者の増加

平成13年のパトロール活動開始以来13年間で、明大前駅の乗降客（乗換客含まず）が1日当たり3万人弱増加し、年間1,000万人近い乗降客増加となった。この増加は、今回の取組み以外の要因もあると考えられるが、商店街への経済効果は年間55億円と試算される。

・全国そして世界への波及

NHKほか国内テレビ局、BBC、ニューヨークタイムズ、ヘラルドトリビューン、国内各種新聞、週刊誌など、マスコミに取り上げられ、安全・安心なのまちづくりが評価された。明大前ピースメーカーズの活動はわが国のボランティア防犯パトロールのパイオニアとなり、全国の防

犯パトロール隊の発足に影響を与えており、日本のみならず、世界へも波及している。

(2) 歌舞伎町商店街
①商店街をめぐる状況
歌舞伎町は、「日本一の歓楽街」、「眠らない街」とも言われる一方、「怖い街」、「危険な街」というイメージがある。人々が安心して来街できるよう、地元商店街をはじめ地域が一体となって、治安を向上させ、健全な街へのイメージアップを図る努力をしてきた。

②取組みのきっかけ・流れ
歌舞伎町商店街では、平成に入り、風俗営業の客引き増加などによる治安の悪化が問題となった。平成14年には、刑法犯認知件数が7年連続戦後最悪を更新してしまい、治安対策が求められた。

平成17年に治安対策や活性化対策を強力に進めるため、歌舞伎町商店街振興組合をはじめ、新宿区、政府や東京都が協力し、「歌舞伎町ルネッサンス推進協議会」が発足し、歌舞伎町は安全・安心なまちづくりの全国展開モデルとなった。そして、活動団体のネットワーク化を図り、官民一体で取組みを行うこととなった。同年4月1日から施行された改正迷惑防止条例を受け、暴力団らの締出しを図ってきている。

③取組みの担い手と仲間たちの動き
平成20年4月、歌舞伎町のイメージアップを軸として活動を行う、ゆるやかな連携の輪として、「歌舞伎町タウン・マネージメント」が組織化された。代表には、歌舞伎町商店街振興組合の理事長が就任し、歌

商店街の概要

【商店街名称】歌舞伎町商店街振興組合
【所在地域】東京都新宿区歌舞伎町1～2丁目周辺
【商店街属性】広域型
【商店街組合員数】約230人
【特徴】物販店がコンビニしかない飲食店中心の商店街

図表2　歌舞伎町タウン・マネージメントの方向

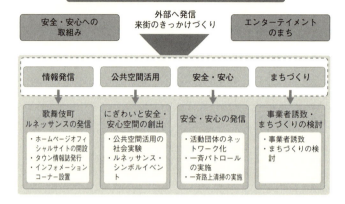

舞伎町2丁目町会、国・東京都・関係行政機関、新宿区、警察・消防・東京入国管理局、地元事業者、NPO・ボランティア団体らが参画した。「歌舞伎町ルネッサンス」を推進するまちづくり組織として、誰もが安心して楽しめる歌舞伎町を目指し、地域活性化や情報発信等の活動を実施している。

　歌舞伎町タウン・マネージメントの安全・安心部会の事業として、歌舞伎町商店街振興組合のメンバーを中心に一部ボランティアの参加も得て、自主的な自警的一斉パトロール活動を実施し、治安維持を精力的に進めた。このパトロールは、週3日1時間程度行っており、現在は、交番の警察官や新宿区の管理職と共同で行われるまでになった。

　平成23年からは、新宿駅東口と西口、あわせて9つの商店街が一緒になり、新宿駅周辺の安全・安心を実現する会として、自警会、パトロール隊を結成し客引きの防止にあたる一方、客引き防止条例制定の提案を行った。そして、新宿区や他の商店街振興組合、警察と連携し、客引き防止パトロールや啓蒙キャンペーンを実施し、迷惑行為の防止に取り組んでいる。同年4月には、民間交番として、青灯交番「安全安心ステーション」を歌舞伎町商店街振興組合にて建設し、パトロールの拠点としている。

また、歌舞伎町商店街として、明るいまちづくりのため、街灯を従来の暗いものから明るいものに変え、街路スピーカーからの放送で客引きの注意喚起を促している。さらには、警視庁に防犯カメラ設置を要請し、実現させた。

　歌舞伎町の中心を東西に走る「花道通り」は、暴力団の車で路肩が占領され、暗いイメージを持たれていた。そこで、歌舞伎町商店街からの働きかけで、道路を所有する区役所と管理する警察署を調整し、歩道拡幅工事を実現させ平成19年に完成した。一方通行の道路の歩道を広げ、荷降し用の一部の駐停車を除き、ボラード（自動車進入を阻止する目的で設置される杭）をつけて車が駐車できないようにした結果、暴力団の違法駐車がなくなり、歩行者や車の通行の円滑化を図ることができた。

青灯交番「安全安心ステーション」

拡張された歩道とボラード

　また、街路灯や街路樹を整備し、明るい色のタイルで舗装することにより、清潔感あふれる新しい通りをつくることができた。

　歌舞伎町商店街は、行政や警察、周辺の商店会の協力を得て、これからも歌舞伎町が秩序ある楽しい街、誰もが安心して楽しめる歓楽街として成長し続けていけるように取り組み続けている。

④取組みの成果

　商店街による自警会、パトロール隊の結成による客引き防止の努力と実績もあり、新宿区の「客引き等防止条例」に罰則がつくことになった。新宿区、牛込警察、新宿警察、四谷警察、戸塚警察、東京都宅建協会、全日本不動産協会、新宿駅周辺の安全安心を実現する会の8つの団体が覚書を交わした。罰則だけではなく、その条例に違反した場合は店

舗名を公表し、悪質な場合は店舗が入っているビルのオーナーも公表するという、非常に実効性のある条例改正を実現し、平成28年6月1日に施行された。その結果、風俗営業の客引きを減少させ、悪質なぼったくり店もほぼ一掃した。

3 診断士が診た、成功のポイントと今後の課題

(1) 成功のポイント

①地域の関係者との連携

2つの事例では、商店街、行政、警察、地域（町会・住民・企業など）が各種のリスク情報を共有し、役割を認識しながら、相互に連携して都市の安全性を高めるための対策に取り組んでいる。そのためには、地域に根ざしたネットワークづくりが大切であるが、商店街が、縦割り組織を横断的につなぎ調整するかけはしとなっている。

②「ハード＋ソフト＋ハート」の多面的な取組み

活動を活性化させるため、「ハード＋ソフト＋ハート」の取組みを行っている。具体的には、「ハード」の面では、犯罪の抑止・監視のシンボル施設（民間交番など）を設置している。「ソフト」の面では、商店街メンバーによる自警的な防犯パトロールや防犯の啓蒙活動を実施している。「ハート」の面では、地元のボランティアを募り、地域密着の取組みを行っている。また、明大前商店街では、「あいさつ運動」により、子どもたちと住民が互いに関心を持ち、絆の強化につなげている。

③活動継続のための工夫

活動を一時的なものに終わらせず、継続し定着化させていく工夫、努力をしている。例えば、明大前商店街では、パトロール活動にボランティアが週1回以上は参加するシフトを組んでメンバーを活性化させ、参加者全体のモチベーションを維持している。歌舞伎町商店街では、客引き防止活動において、自警的パトロールの取組み実績をもとに、客引き禁止の条例の罰則化を実現させている。

また、活動継続のためには、安定資金の確保が必要であるが、明大前商店街では、年間約300万円の予算を商店街が全額負担するのではなく、世田谷区の補助金などを活用している。

④取組み結果の評価

　取組みの結果を、活動メンバーにフィードバックしている。活動の成果・努力の結果を数値で捉えて見える化し、メンバーのモチベーションアップにつなげている。明大前商店街では、犯罪件数や被害額を数値化して経年変化を把握し、メンバーで成果を確認している。自警組織として成果をあげている取組みは、警察白書にも取り上げられた。

　また、全国紙やテレビをはじめ、日本だけでなく世界のマスコミにも紹介されており、その評価が、メンバーの意識をさらに向上させ、活動の活性化につながっている。

(2) 今後の課題
①活動継続のための「ヒト・モノ・カネ」の安定確保

　「ヒト」の面では、パトロールメンバーなどの高齢化に伴う、若手メンバーの補充、スムーズな新世代への移行が必要である。「モノ」の面では、交番やパトロールグッズなどの施設・備品の老朽化に伴う適切なメンテナンスが必要である。「カネ」の面では、財源の安定的な確保が必要である。

②他エリアへのノウハウの横展開・共有化

　安全・安心面での問題を抱えた他エリアへのノウハウの横展開と、エリア間での成功事例の共有化が課題である。そのためには、講演会やマスコミ、インターネットを活用した情報発信などによる、普及活動・啓蒙活動が重要になる。各地で取り組まれている効果的で効率的な施策を学ぶことも大切だが、自エリアで実行するにあたっては、そのエリア事情に適した形に変えながら、取り組んでいくことが必要だと考えている。

③「犯罪0（ゼロ）」へのあくなき挑戦

　誰でも、いつでも、どこでも安全・安心でいられるまちづくりに向け、従来の取組みに満足せず、社会の変化に対応し、常に最適な取組みを継続することが重要である。特に最近は、外国人（窃盗団、労働者、観光客）の流入の増加により、犯罪の国際化が進んでおり、その対応の強化も必要となってきている。

1 財源と組織

商店街の運営体制

稼げる商店街
——事業収益をあげる商店街運営

野口 佐智子

1 | このテーマ・取組みを取り上げた理由

　商店、あるいは商店の集合体である商店街は、人口の減少・高齢化、大型商業施設進出、地域スーパーマーケットチェーンの店舗数拡大などの環境変化により、近年、集客・売上面で苦しい状況にある。

　このような厳しい状況下でも事業収益をあげ、活発な活動を行っている商店街の事例を紹介しながら、財源確保のポイントを探る。

(1) 景況感：「繁栄している」商店街はわずか5％

　商店街の景況感について、「繁栄している」と回答した商店街組織はわずか2％、「繁栄の兆しがある」を合わせても5％程度である。一方、

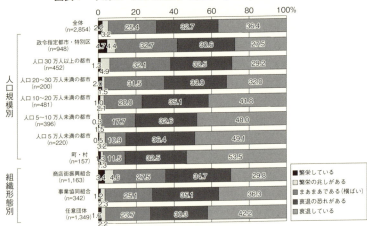

図表1　平成27年度 商店街の最近の景況（無回答を除く）

出典：中小企業庁「平成27年度商店街実態調査報告書」

「衰退の恐れがある」、「衰退している」との回答は、7割を占めている。特に、人口規模の小さな町村、あるいは商店街規模が小さく組合組織になれない任意団体の状況の厳しさが際立っている（図表1）。

(2) 年間予算額：賦課金・会費が中心

商店街の年間総事業費は200万円未満が約半数、1,000万円未満が約8割を占めている（図表2）。平均値は1,085万円で、振興組合は約1,500万円、事業協同組合は約2,000万円と高い数値を示しているが、任意団体は予算規模が小さく、組織形態により、ばらつきがある（図表3）。

次に、収入の内訳をみると、組合員・会員からの賦課金・会費が65％と収入の3分の2を占めており、事業収益が15％、補助金が14％となっている。組織形態別にみると、事業協同組合は事業費、任意団体は会費の構成比が相対的に高い（図表4）。

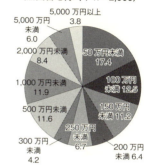

図表2　平成27年度 総事業費予算額
（無回答を除く、n=2,500）

図表3　平成27年度総事業費予算額平均値

全体	組織形態別		
	商店街振興組合	事業協同組合	任意団体
1,085万円	1,478万円	1,994万円	496万円

図表4　平成27年度 年間予算における収入の割合

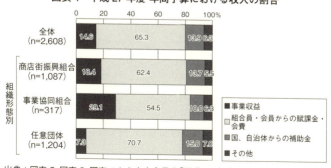

出典：図表2、図表3、図表4とも中小企業庁「平成27年度商店街実態調査報告書」

1-2 商店街の具体的取組み
（モトスミ・ブレーメン通り商店街）

(1) 商店街をめぐる状況

　商店街を取り巻く環境が厳しくなり、多くの商店街では「衰退」を感じ、組合員の賦課金・会費で何とか活動を行っている状況にある。その中で、自主事業・自主財源を柱に「繁栄している」と言い切る「モトスミ・ブレーメン通り商店街」の事例を取り上げる。この商店街は、神奈川県川崎市にあり、東急東横線・目黒線の元住吉駅駅前の全長約 550 m、160 店舗の商店街である。

　元住吉駅の平成 27 年度 1 日平均乗降客数は、東横線が 46,595 人、目黒線が 17,651 人（東急電鉄ホームページより）である。私鉄の各駅停車しか停まらない駅ではあるものの、渋谷・横浜にはどちらも 20 分で行ける、通勤通学には大変便利な駅といえる。

　1 km 圏の人口は約 6 万人、世帯数は約 3 万である。夜間人口を 100 とした昼夜間人口比は 63％で、全国や神奈川県と比べ 20〜40 代の若い層の構成比が高い。独身・子育て期世帯の多い住宅地という特色を持つ。

商店街のアーチ

(2) 取組みのきっかけ・流れ

　モトスミ・ブレーメン通り商店街振興組合の理事長・伊藤氏は、商店

商店街の概要
【商店街名称】モトスミ・ブレーメン通り商店街振興組合
【所在地域】神奈川県川崎市中原区木月 1 丁目周辺
【商店街属性】地域型
【商店街加盟店数】160 店（組合員数は 188 人）
【特徴】グリム童話「ブレーメンの音楽隊」をテーマとした商店街

街活動には、「さしすせそ」が大切との考えを持つ。「さ」は財源・財布、「し」は事務局、「す」はスタッフ、「せ」は先見性、「そ」は組織である。特に、事務局は理事長や理事の負担を減らし、自主事業の運営サポート、補助金などの申請には欠かせないと考える。

事務局は専属2人（1人委託、1人パート）からなり、年間800万円の経費がかかる。その費用を捻出するため、自主事業を工夫し収益をあげる。

平成27年度の総事業費は9,390万円、収入内訳は、事業収入4,500万円（48％）、賦課金収入2,300万円（24％）、補助金収入2,600万円（28％）となっている（「モトスミ・ブレーメン通り商店街振興組合決算報告書」より）。先のアンケート結果と比べると、事業収入の構成比の高さが目を引く。

①事業収入

事業収入は、ポイントカード事業を中心に、駐車場事業、事業系ゴミ袋の販売事業、クレジット事業などから構成される。

・ポイントカード事業

ポイントカード事業については、お客様が買い物をすると100円で1ポイント加算されるが、店舗は組合へ1ポイントにつき1.8円を支払う。お客様は1ポイント1円で買い物の支払いに利用できるが、店舗で回収したポイントについては、10％上乗せし1.1円で精算される。つまり、差額の0.7円が振興組合の収入となる。

回収ポイントは0.1円が上乗せされるので、積極的に声をかけ、自店で回収する店が多い。回収すればするほど精算の戻りが増え、店舗の販売コストが減少する。そのため、ナショナルチェーンでもメリットを感じ、加盟している店が多い。また、この仕組みは精算時の声かけにつながるので、お客様との会話・コミュニケーションにも一役買っている。

ポイントカード加盟店は、商店街組合員の4割にあたる68店だが、メリットを認識されつつあり、年々増加傾向にある。平成18年のポイントカードリニューアル以降、発行枚数は2.5万枚以上にのぼる。ポイントカード事業の収入は、平成27年度で約2,660万円を計上する。

1 商店街の運営体制

・駐車場事業

共同駐車場は、駐車台数が31台あり、15分間の駐車利用で100円を徴収する。組合加盟店は、2,000円以上の買上げで30分、4,000円以上の買上げで60分無料で駐車できるサービス券をお客様に発行する。加盟店は、30分無料サービス券を160円で購入することができる。店舗からの無料サービス券購入代金、コインパーキング代を含め、駐車場の年間収入は、1,200万円となる。

・事業系ゴミ袋の販売事業

店舗から排出される事業系ゴミは、指定の有料ゴミ袋に入れて出さなければならない。そのゴミ袋を組合が購入し、加盟店に販売している。まとめて購入することにより単価を下げることができるので、店舗のコストを抑えることが可能となる。非組合員の販売金額は、組合員に比べ1枚当たり50円程度高く設定しており、組合加盟促進も狙っている。ゴミ袋の年間収入は、445万円である。

・クレジット事業

各店舗のクレジットカードの決済を商店街で一元化し、売上集計の事務作業や各店舗への支払業務、支払通知書の送付などをまとめて行うことで、カード会社から有利な手数料率（3.5％）を引き出している。組合の事務手数料は0.5％とし、店舗が払う手数料率は4％になる。加盟店にとっては、通常5～7％程度の手数料率が4％に下がる上、売上票を組合に持ってくるだけで済み、わずらわしい事務作業から解放されるメリットがある。この年間収入は、86万円になる。

・オリジナル商品の売上

ブレーメン通り商店街では、ブレーメンブランド商品の企画・開発を

ブレーメンエコバッグ、手づくり陶器などのオリジナル商品

行っている。商品はエコバッグ、手づくり陶器、ブレーメンビール・ワイン、ノートなどで、年間20万円の売上を計上している。

・**労働保険事務手続き代行事業**

店舗で従業員を雇用する際、労働保険の加入が必要になるが、事務局がその手続きを代行する。労働保険料の申告納付をはじめ、雇用保険の取得・喪失などの手続きを行い、委託料を収入としている。年間手数料収入は、約12万円である。

・**広告収入事業**

商店街では午前10時から午後7時まで音楽を流しているが、その合間の1分前後、各組合加盟店のコマーシャルを放送する。料金は、毎日2回の放送で月額500円である。また、1枚月5,000円の街頭バナー広告を行っており、近隣のマンション販売など長期広告が入る時は、広告収入が年間200万円にものぼる。ただ、平成27年度の広告収入は、約10万円にとどまった。

以上をまとめてみると、平成27年度の事業収入はトータルで約4,500万円であるが、そのうち、ポイントカード事業が6割、駐車場事業が3割弱、ゴミ袋販売が1割を占める（図表5）。

図表5　モトスミ・ブレーメン通り商店街の収入内訳（平成27年度）

	金額（千円）	構成比（%）	構成比（%）
事業収入計	45,144	48.1	100.0
ポイントカード事業	26,587	28.3	58.9
駐車場事業	12,184	13.0	27.0
ゴミ袋販売事業	4,452	4.7	9.9
クレジット事業	862	0.9	1.9
商品販売事業	187	0.2	0.4
労働保険手続き代行事業	115	0.1	0.3
広告収入事業	106	0.1	0.2
その他	651	0.7	1.4
賦課金収入	22,886	24.4	
補助金収入	25,828	27.5	
収入計	93,858	100.0	

出典：「モトスミ・ブレーメン通り商店街振興組合決算報告書」平成27.3.1～平成28.2.29

②**賦課金収入**

ブレーメン通り商店街の賦課金収入は、年間約23百万円である。1店当たりの賦課金は、月12,000円～15,000円程度となる。内訳は、1ヵ月5,000円プラス、売場面積1m^2あたり20円を徴収、さらに販促費として、表通りの店舗で1ヵ月2,000円、裏通りの店舗で1,000円を徴収する。他に、コミュニティセンターや道路のメンテナンス費用などの維

持費が加算される。この賦課金の金額は、商店街振興組合平均値（15,092円）と同等の数値である（図表6）。

図表6　商店街の賦課金・会費の平均値（1ヵ月当たり平均）

全体	組織形態別		
	商店街振興組合	事業協同組合	任意団体
15,737円	15,092円	46,518円	8,453円

出典：中小企業庁「平成27年度商店街実態調査報告書」

賦課金収入は、単価のアップあるいは、加盟率・加盟店数の増加で増える。ブレーメン通り商店街は、平成元年のモール化とともに「元住吉西口商店街」から現商店街名に変更、「中世ヨーロッパのロマンと語らい」というコンセプトのもとに、まちづくりを行った。

その結果、名称を変更する前は150店程度だった加盟店が、現在は160店（組合員数188人）まで増加し、賦課金収入も増加している。

成果をあげた理由は、本格的なまちづくりを実施したことにある。ブレーメン通り商店街は、平成3年、ドイツ・ブレーメン市の旧市街にある商店街「ロイドパサージュ」と友好関係を結び、それ以降、頻繁に行き来し、イベント開催など交流を深めてきた。ブレーメン通り商店街の10周年記念にブレーメン市とロイドパサージュから贈られた「ブレーメン音楽隊」像は、地域住民や商店街の人々から地域のシンボルとして認知され、愛されている。

また、平成23年には、川崎市の景観形成地区に指定され、店舗の外壁および看板の色彩や素材、照明などのルール化により、おしゃれで洗練された街並みを実現した。

ブレーメンのロゴ・マークを街頭や店頭など随所に盛り込み、「ブレーメン」のコンセプトを浸透・具現化している。

さらに、「ブレーメン」を名乗るからには、音楽隊が必要との思いから、平成14年、商店街の若い世代

ロイドパサージュとの「友好の証プレート」の除幕式

ブレーメン音楽隊の像

を中心に「ブレーメン・バンド」が結成された。商店街所属音楽隊として、ロイドパサージュで記念公演を開催したほか、駅ナカ・街角コンサートを実施、好評を博している。

ロゴ・マーク　　若い世代が中心になって結成した「ブレーメン・バンド」

本場ブレーメン市との交流、美しく統一された景観、ブレーメンという名にふさわしい活動など、ただ名前を掲げているだけではなく、「ブレーメン」のテーマ性を活かした本格的なまちづくりを目指し、実践している。

(3) 取組みの担い手と仲間たちの動き

「二番煎じはやらない主義」と語る理事長・伊藤氏の先見性、独自性、アイディア、判断力、実行力は特筆に値する。その伊藤氏が「素晴らしいスタッフに恵まれた」と言うように、仲間が支え、組合の組織がそれぞれ役割を果たし、運営・実行している。例えば、組合には販売促進部、クレジット部などの組織があり、それぞれに予算がついて、運営・活動を行っている。一方で、「どうせやるなら楽しくやろう」を合い言葉に、役員一同楽しみながら、商店街を運営している。

次期商店街運営を担う青年部には、24名（平成28年度現在）が所属しているが、オーナーの子息・子女に限定せず、美容院・整骨院の従業員など、テナントスタッフでも希望者は参加が可能である。むしろ、家賃を払っている人の方が積極的に活動している。

青年部の提案に対し、理事会で責任は持つが、なるべく受け入れ、希望がかなうよう応援している。例えば、青年部ではオリジナル商品「ブレーメンビア」の歌をつくったり、幼児向けのイベントでヒーローショーを自分たちで演じたりと、楽しみながら企画・遂行している。

さらに、商売を廃業し店舗をテナントに貸しているオーナーに対し、「オーナー会員制度」をつくり、商店街発展のために協力を促している。

3 | 診断士が診た、成功のポイントと今後の課題

(1) 成功のポイント

ブレーメン通り商店街振興組合の決算資料をみると、流動資産が多く、負債が少ないため、財務状況は良い。事業収入をはじめ収入が大きく、得られた収益は事務局人件費や商店街全体の販促費・運営費に回され、商店街全体の活性化に寄与している。

成功のポイントの1つ目は、理事長・伊藤氏のビジネス感覚、先見性、独自性、リーダーシップといえる。

2つ目は、そのリーダーを支え、皆がサポートする組織・仕組みをあげたい。一部の人に負担を押し付けることのない事務局の存在は大きい。事業収益をあげる基礎・基盤をつくっているといっても過言ではない。

3つ目は、商店街や地域に関わるあらゆる人の協力を得て活動を行っている点があげられる。商店主だけではなく、テナントスタッフや廃業したオーナーなど、多様な立場の人を巻き込みながら、活性化している。まずは楽しもうという気持ちが、参加者拡大や活動の継続を生んでいると思われる。

ブレーメン通り商店街では、ナショナルチェーンも組合に加盟してもらうよう、さまざまな工夫をしている。先にあげた「ポイントカードの回収ポイント10％上乗せ」はチェーン店にとって大きなメリットといえるが、他にも入会時に街内放送で店のCMを毎日2回、半年間無料で流す、商店街が発行するフリーペーパー「BREaTH」へ掲載する、オーナーから「商店街には必ず加入してほしい」との一言かけを徹底する、などの策を実施している。ナショナルチェーン店に対しても、協力を促し、巻き込みながら活動を行っている。

最後のポイントとして、「ブレーメン」というコンセプトについて、ただ名称を語り、雰囲気を真似するのではなく、国際交流を行い、本場「ブレーメン」の息づかいが感じられる商店街づくり、本格的なまちづくりを行った点をあげたい。

コミュニティ情報誌
「BREaTH」

これにより、加盟店数・来街者数が増えるとともに、街のイメージアップが図られ、居住者数が増加する効果も表れた。

(2) 今後の課題
①店舗構成の課題

　ブレーメン通り商店街の問題として、家賃の高騰によるナショナルチェーン店の増加があげられる。空き店舗もなく、街並みもきれいに整い、商店街活動も活発に実施している場所なので、家賃は高騰し、メインストリートでは月坪3〜5万円にのぼる店もある。商売を継続するより、テナントに貸した方がいいと判断するオーナーも多い。

　一方で、高騰した家賃を負担できるのは、ナショナルチェーンなど資金が潤沢なところや調剤薬局など利益率の高い業種、整体など設備に資金のかからない業種などに限られる。その結果、全国画一的な商店街になる、業種の偏りが生まれるなどのリスクが生じつつある。

　路地裏や上層階といった、立地が悪く、家賃も比較的安い場所に若者や女性など新しい感性を持った人に出店してもらうよう不動産屋などに協力を求めたり、出店者を理事会・青年部・事務局など商店街全体でサポートしたりしていく工夫が必要だろう。

　個性的・魅力的な店舗が出店・集積されると、商店街全体の魅力向上も図れる。渋谷や横浜への流出が減り、商店街内での消費が増えるとともに、商圏が広がる可能性もある。特に、商店街の周辺は20〜40代の若い世代の居住者が多いため、彼らが好むセンスの良いカフェや食品・雑貨店、彼らのライフスタイルに合わせた店、例えば夜遅くまで開店している店などがもう少し増えるといいだろう。

②事業面の課題

　事業面の課題としては、従来事業の深掘りと新規事業の開拓がある。

　前者の例として、ポイントカードから得られるデータの分析があげられる。ブレーメン通り商店街のポイントカードはレジに連動しないため、売上データとの関係は不明だが、来店客の属性や居住エリアは把握できる。組合（事務局）は、加盟店のニーズを掘り起こし、ポイントカードのデータで顧客分析を行い、個店の営業活動をサポートしていく

ことができる。工数がかかるのであれば、有料でも加盟店にとっては受けたいサービスといえる。あるセールの前後で来店エリアや客層がどう変化したかを把握・検証できれば、次のセールの企画や品揃えなど、販売促進戦略・商品戦略に生かすことができる。ポイントカードのデータを加盟店の商売に活用することで、加盟店の売上、事務局の収入も合わせて向上させることが可能である。収益の大きな柱であるポイントカード事業の強化は、重要課題といえよう。

　後者の新規事業は、共同化することで規模の経済が働く事業、あるいは、小売・商業機能の支援として必要な事業であるなら、加盟店の理解が得やすい。店舗清掃・消毒の共同契約、共同什器レンタル、共同倉庫、宅配サービスの共同化などの事業が考えられる。

(3) 商店街をめぐる財源・組織の課題と対策

　最後に、今回の事例を参考にして、全国の商店街が直面する財源や組織の課題と対策について考えていく。

①財源の課題と対策

　財源の課題について、事業収入、賦課金・会費収入の観点から検討する。

・事業収入

　商店街組合（事務局）、加盟店、顧客の3者にとってメリットのある事業を行い、収入を得るのが望ましい。ブレーメン通り商店街の事例から読み取れるように、事業系ゴミ袋共同購入およびクレジットカード決済一元化による低手数料率の実現など「規模の経済が働き店舗のコスト削減が図れる事業」、労働保険事務手続き代行事業など「店舗の人手不足をサポートする事業」、駐車場など「商業集積地に必要なサービス事業」、ポイントカード・広告媒体収入など「商店街や店舗の販売促進事業」が有望である。

　さらに、加盟店だけではなく、外部企業・団体から収入を得る事業を拡大していくと、収入安定・拡大につながる。例えば、人が集まる商店街という「場」を活用し、企業・団体主催のイベントや企業の新商品サンプル配布などのPR活動を実施してもらい、場所代として費用を徴収する、などの方法が考えられる。街内放送や広告旗などを用いた広告事

業についても、企業への営業を強化し、企業の販売促進の「場」として、活用を促す取組みも重要となる。

・賦課金・会費収入

ブレーメン通り商店街では、本格的なまちづくりを行い、加盟店を増やすとともに、賦課金収入を増やしてきた。また、基準を設け、公平性を担保するような制度に変えて賦課金の納得性を高め、加入を促し、それでも加入しない店舗に対しては、道路補修金などを徴収し応分の負担を促す、という取組みも行っている。このような工夫を通じて、加盟店数・加盟率を上げることができる。

②組織の課題と対策

組織については、事務局の設置が可能なら、自主財源を確保するための活動の幅が広げられる。現在、専従事務局員を持つ商店街は、振興組合では4割強、事業協同組合では5割であるが、任意団体は1割にも満たない（図表7）。

図表7 「専従事務局員*あり」と回答した比率

全体	組織形態別		
	商店街振興組合	事業協同組合	任意団体
27.3%	43.2%	50.0%	7.7%

*パート、アルバイト含む。
出典：中小企業庁「平成27年度商店街実態調査報告書」

事務局を持てる規模の商店街は少数かもしれないが、「事務局を持つ」、「事務局を持てるだけの収益を稼ぐ」という決断をすれば、事務局を活用した積極的な組合運営に転換できる商店街も多いのではないだろうか。小規模商店街においては、近隣の事務局を持つ商店街に一部事業を委託することを考えてもいいだろう。

また、商店街のリーダーを支えフォローする組織が、事務局も含め、有効に機能することが必要である。例えば、理事会の各組織に役割と責任を与える、青年部組織に対しても自由裁量を与え、チャレンジの機会を増やして若者世代のパワーを活用するなどのやり方が考えられる。

オーナーだけではなく、テナントスタッフ、テナントに場所を貸している旧オーナー、ナショナルチェーン店など、商店街に関わる人々の組織化を行い、すべての協力を得ることも重要である。

1 空き店舗対策

地域を巻き込み、事業の継続性を確保

遠藤 光司／本田 崇

1 このテーマ・取組みを取り上げた理由

　中小企業庁が平成15年度に作成した「消費者にとって魅力あるまちづくり実践行動マニュアル」では、空き店舗を、「①元の店舗が閉鎖あるいは既存のテナントが退店して、その後入居営業するテナントが決まっていない状態の店舗、②所有者が営業を続けるつもりがなく閉鎖したままの店舗」と定義している。さらに、空き店舗は商業集積全体に悪影響を及ぼすため、早急な対策が必要と指摘した。

(1) なぜ、空き店舗ができたのか

　かつて、活気のあった商店街も、多くの地域で空き店舗が増えている。そのきっかけの1つとなったのが、大規模小売店舗立地法の施行により、大型店の出店が商業規制から社会的規制へ転換されたことである。以降、郊外において大型店の開発に拍車がかかった。また、生活文化機能の郊外移転に伴う中心市街地からの住民の流出、モータリゼーションの進展などの環境変化も生じた。一方、商店街においては、時代とともに変化する生活者のニーズを取り込む努力を怠った個店が少なくない。

　こうした要因を背景に、経営不振による廃業が増え始め、商店街からワンストップショッピングの利便性が失われることとなった。すなわち、商業集積としての魅力が低下したことで空き店舗が生まれ、空き店舗の存在がさらなる空き店舗を生み出すという悪循環に陥ってしまったのである。

(2) なぜ、空き店舗が減らないのか

　中小企業庁がまとめた「平成27年度商店街実態調査報告書」による

と、空き店舗が減らない理由として、貸し手側では「貸す意思がない」(39.0％)、「店舗の老朽化」(34.6％)、「家賃の折り合いがつかない」(29.2％) といった回答が多い。一方、借り手側で多い回答は「家賃の折り合いがつかない」(33.8％)、「商店街に活気・魅力がない」(33.6％)、「店舗の老朽化」(26.9％) の順となっている。借り手がいたとしても、貸し手側にそもそも貸す意思がなく、貸す意思があったとしても家賃が高いという状況にあることが見てとれる。この根底には、店舗の「所有と利用の一致」という問題があるが、その解決策は本書の第4章で述べている。

また、国や地方自治体では空き店舗対策として、コミュニティ施設やチャレンジショップ、アンテナショップなどの事業を実施する商店街などに対し、家賃補助をはじめとする各種支援を行っている。ただ、支援が終了した後に継続性が見られず、根本的な解決に至っていないとの声が多い。

(3) 空き店舗が増加し商店街が衰退するとどうなるのか

商店街の衰退は時代の流れとして、問題としないという意見もある。ここでは、推測しうる商店街衰退の弊害と商店街が地域社会に寄与してきたことを整理して、今一度、商店街の存在意義について考えてみたい。

商店街の衰退は、まず地域の治安に影響を及ぼす。商店街は、その地域の中心市街地を形成することが多い。その中心市街地の通行量が減少すると、地域の目がなくなり、往々にして行き場を失った者のたまり場となる。商店街が犯罪の温床と化すのだ。

次に、大型ショッピングセンターの将来を考えてみたい。大型店は利益追求主義である。今後、わが国の人口減少はより加速化する。顧客確保が難しくなれば、大型店は撤退するであろう。つまり、その地域に残るのは廃墟と化した大型店である。この状態を予測していながら、景観を壊してまで大型店を誘致する意味があるであろうか。

また、郊外化を進めた要因であるモータリゼーションも現状を維持できるか考えてみたい。確かに、1世帯当たりの乗用車所有率は約113％と一家に1台という数値だ。しかし、1人当たりの乗用車所有率は約48％

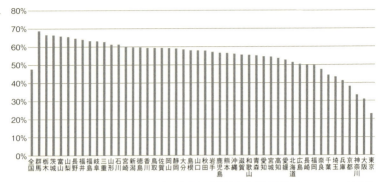

図表1 人口1人当たりの自動車保有率

出典：平成27年度国勢調査と一般財団法人自動車検査登録情報協会ホームページより
データ引用のもと、著者作成

と決して高くない。つまり、人口の約52％は乗用車が使用できないのである。さらには、昨今報じられている通り、今後は高齢者の乗用車の使用は難しくなる可能性もある。これらは、将来的に買い物に不自由する層が増加する可能性を示唆している。

以上が、推測しうる商店街の衰退が及ぼす弊害である。商店街が形成されるまでの歴史は侮れないものがある。観光資源となりうるものを有している商店街も多いであろう。また、商店街は商店や祭りなどを介して、コミュニケーションの場の役割を果たしている。商店街は、大型店には真似できない魅力を持っているのである。

この個性を喪失させないために、商店街が空き店舗対策に取り組んだ事例を以下に紹介する。

2 商店街の具体的取組み

(1) さいたま北商工協同組合
①商店街をめぐる状況

さいたま市北区の宮原町3丁目と日進町3丁目エリアは、宮原駅西口の再開発によって道路や公園、公共下水道など生活基盤の整備が進んだ良好な住宅地である。近年は人口、世帯数ともに増加傾向にある反面、

商店街の概要

【商店街名称】さいたま北商工協同組合
【所在地域】埼玉県さいたま市北区宮原町3丁目・日進町3丁目周辺
　（JR高崎線宮原駅西口）
【商店街属性】近隣型
【商店街加盟店数】19店（賛助会員84店）
【特徴】理事に30～40代の若手が多い

新旧住民間や世代間のコミュニケーションの再構築が課題の1つとなっている。

②取組みのきっかけ・流れ

　さいたま北商工協同組合は、昭和58年に前身となる任意組織を結成して以来、商工業の発展と人にやさしいまちづくりに取り組んできた。平成13年からは、「高齢者・障害者・健常者が共存できるやさしいまちづくり」をテーマにした「ふれあいフェスタin宮原」を毎年秋に開催し、地域のさまざまな団体との良好な関係を築き上げてきている。

　平成23年3月には、さいたま市内の商店街としては初となる（埼玉県内では2例目）地域商店街活性化法に基づく商店街活性化事業計画の認定を受けた。以降、3年間は国の中小商業活力向上補助金（当時）、さいたま市の商店街活性化推進事業補助金の交付も受けている。

　商店街活性化事業計画においては、地域住民の商店街に対するニーズを十分に踏まえた内容であることが求められる。さいたま北商工協同組合では、独自に実施したアンケート調査の結果を踏まえ、①空き店舗活用事業、②イベント事業、③地域情報提供事業、④専門家を招いた研修事業、という4事業を柱とした計画を策定している。そして、平成23年8月に空き店舗を活用したコミュニティ施設「teku teku café」をオープンさせた。

図表2　空き店舗を活用したコミュニティ施設の概要

店舗名	teku teku café
立地	JR宮原駅西口から徒歩5分
店舗面積	約15坪（駐車場4台）
営業時間	10～20時
定休日	土日祝

「teku teku café」の外観(左)と店内(右)

③取組みの担い手と仲間たちの動き

商店街活性化事業計画では、「teku teku café」の事業内容として、①飲食の提供、②レンタルホールとしての提供、③ミニイベントの開催などを掲げた。運営面では、常駐の専任スタッフを1名配置し、ランチタイムなどの繁忙時にはアルバイトを加えた2〜3名の体制とした。さらに、飲食業を営む組合員をはじめ、組合の理事の多くが随時運営をサポートしたほか、地元の聖学院大学の学生がボランティアでホール業務などを手伝っていた時期もある。

しかし、専任スタッフの退職などを受けた人的資源の不足等により、平成25年度をもって飲食の提供を中止している。

「teku teku café」において、飲食関連は売上高の70%前後を占める主力事業であった。また、国とさいたま市の補助金交付期間が平成25年度で終了することから、その後の事業継続が危ぶまれたが、平成26年度より福祉系NPO法人が年間を通じ定期的に「teku teku café」を利用することとなり、これが新たな収入源となった。現在の事業内容は、以下の通りである。

・福祉系NPO法人への貸出し

当該NPO法人は、主に知的障害者を対象とした生活介護事業や就労継続B型事業、ケアホーム、短期入所事業などを行っている。もともと、生徒が製作した手織り作品の展示会や施設外実習の場として年に数回「teku teku café」を利用していたが、さいたま北商工協同組合の赤間理事(当時は代表理事)の尽力により、月の利用回数を定めた年間契

約を締結した。

・レンタルホールとしての提供

　主婦のコーラス会やPTAの集会、神輿会など地域の各種団体が学習、発表、集会等のさまざまな活動の場として「teku teku café」を利用している。利用料金は2時間まで4,200円、延長料金は1時間当たり1,050円。飲食物の持込みや出前、施設内のキッチンや食器・調理器具の利用を自由としている点が好評である。予約の受付や施設管理は、主に専務理事が担当している。

・ミニイベントの開催

　地域住民のコミュニティ形成につながるよう、組合主催のミニイベントを定期的に開催している。具体的な内容は、老人会や婦人会を対象とした映画鑑賞会、地域の子どもを対象としたハロウィンパーティーなどである。

④取組みの成果

　福祉系NPO法人が年間を通じて「teku teku café」を利用することで、生徒の家族・関係者の来街動機の向上につながった。レンタルホールの利用者数も底堅く推移しており、来街者数の増加に貢献している。

　また、空き店舗活用事業の取組みが地元新聞や全国ネットのラジオ番組などに取り上げられ、商店街の知名度アップにつながった。これにより、組合員の活動意欲が高まっているほか、賛助会員数も増加傾向にある。組合の事業基盤がより強固なものとなったことで、組合事業の多様化も進んでいる。

　前述した秋のイベント（平成23年度より「さいたまKI-TAまつり」に名称変更）では、平成28年度に「世界のお酒・グルメフェスティバル」を新たに実施した。東京オリンピック・パラリンピックの開催を見据えた国際色豊かな内容となり、来場者数はおよそ1万人となった。この他、子育て支援NPO法人と連携した小学生絵画展、JR宮原駅西口を彩るイルミネーション事業などを継続的に実施している。

(2) 天神橋商店街
①商店街をめぐる状況

　高知県四万十市の天神橋商店街は、ほかの地域の例にもれず、大型店の進出により空き店舗が目立つようになった。具体的には、平成10年、13年と大型店舗が郊外に出店した。その影響で商店街内にあった集客力のある店舗も郊外に転出したのである。商店街の通行量が激減し、空き店舗が目立つようになった。

　しかし、商店街が一丸となって空き店舗対策に取り組み、徐々に空き店舗が減りつつある。平成25年には「がんばる商店街30選」に選ばれるほど評価されたその取組みとは、どのようなものなのだろうか。

②取組みのきっかけ・流れ
・取組みのきっかけ

　天神橋商店街がチャレンジショップを始めたのは、高知県が「チャレンジショップ事業費補助金」を始めたことがきっかけである。その当時の天神橋商店街は、空き店舗が目立つ状態であった。國吉理事長は、「このままでは、今の空き店舗に飲食店が入り、天神橋商店街は夜の街になってしまう。昼のにぎわいを取り戻さなければならない」と危機感を抱いた。そこで、國吉理事長は物販店を商店街に増やすために県の職員と話し合い、チャレンジショップから独立開業まで、一気通貫の空き店舗対策スキームをつくり上げた。

・取組みの流れ

　チャレンジショップとは、商店を開業したい者が、開業前に実験的に経営活動を行い、ノウハウを学べる仕組みだ。方法は、大きく分けて2

商店街の概要

【商店街名称】天神橋商店街振興組合
【所在地域】高知県四万十市中村天神橋
【商店街属性】近隣型
【商店街加盟店数】35店
【特徴】強い連帯感があり、よそ者を歓迎する気風を持つ商店街

種類ある。

　1つ目は、商店街内の空き店舗に直接出店するものである。家賃など格安の条件で出店できるが、一定期間の後には通常の条件に戻されるのが一般的である。2つ目には、実験店舗を設置し、その中にいくつか小さなテナントをつくる。このテナントに格安の条件で一定期間出店し、経営ノウハウを積んだ後、商店街内に出店する。

　天神橋商店街は後者のパターンを採用し、空き店舗を活用してチャレンジショップを設置した。このチャレンジショップに入店を希望する者は、事業計画を作成し、書類選考や面接などの審査を受ける。審査に通った者は、最長で1年間（原則、半年間）チャレンジショップ内で経営できる。

　天神橋商店街のチャレンジショップ事業の肝は、チャレンジショップ運営委員会である。チャレンジショップ運営委員会では、月に一度、経営アドバイス会議を開催している。この会議の参加者は、チャレンジャーのほかに、商店街の理事長・副理事長をはじめとする商店街店主、県と市のチャレンジショップ担当者、高知県中小企業団体中央会の商店街担当者、中村商工会議所経営指導員である。

　この会議では、チャレンジャーが月の収益状況や店舗運営について報告し、それに対して、國吉理事長をはじめとする商店街店主や行政・商工会議所がアドバイスをする形になっている。

③取組みの担い手と仲間たちの動き

・國吉理事長と大田副理事長の役割分担

　「商店街に昼のにぎわいを」を合い言葉に、國吉理事長と大田副理事長が軸となり、商店街が一丸となって活性化に取り組んでいる。具体的には、國吉理事長が、チャレンジショップ運営委員会の運営やそこに参画している行政や商工会議所などへの対外折衝を行う。大田副理事長は、商店街地権者との家賃交渉やイベント時の庶務など内側を支えている。

・行政や商工会議所の参加

　チャレンジショップから開業する者は、改装費などについて県や市の空き店舗に対する補助金等を受けられる。行政や商工会議所が、毎回、経営アドバイス会議に参加することは、補助金の対象者であるチャレン

1 商店街の運営体制

チャレンジショップの外観と見取図

ジャーの成長を見守ることにつながる。その成長過程を見ているので、行政側は事業の継続性がより確実なものに補助金の申請をアドバイスでき、商工会議所もより具体的な借入先のアドバイスができる。

④取組みの成果

「チャレンジショップ事業を展開してから街の雰囲気が変わった」と國吉理事長や大田副理事長は語る。「商店街が何かやっている」、「何かが変わりそうだ」という期待感だ。その雰囲気の変化から、チャレンジショップ卒業者だけでなく、直接、空き店舗に出店する者も出てきた。チャレンジショップ卒業者を含め、平成21年から平成29年までに、商店街組合加盟店を11店舗増やした。

さらには、チャレンジショップを卒業し商店街に開業した店舗から、まだ廃業者が出ていないことも特筆に値する。一般的な新規開業者に対する支援は、家賃などの補助金が切れると、その後は廃業するケースが多い。天神橋商店街では、新規開業者に対し、家賃補助を行わないにもかかわらず事業継続が図れている。

その要因は、大田副理事長の地道な家賃交渉による固定費の減額も大きいが、チャレンジショップ運営委員会により、チャレンジャーがPDCAを回すことを学んでいることも大きい。PDCAを回すことで事業の見直しとブラッシュアップを行い、事業継続につなげているのだ。

がんばる商店街30選を受賞（平成25年）

地元中高生の書道パフォーマンス　　小学生対象のアームレスリング大会

3 診断士が診た、成功のポイントと今後の課題

(1) 成功のポイント

　商店街が空き店舗対策の事業を展開しても、国などによる補助期間の終了とともに事業も終了となるケースが多い。こうした中、今回取り上げた２つの事例は、ともに事業を継続的に実施している。その要因として注目すべき点は、地域の関係機関・団体との連携であろう。

　チャレンジショップでは、商店街が安定的な収入を得るために出店者の確保が不可欠となる。天神橋商店街では、行政・商工会議所との連携によりチャレンジショップ運営委員会を開催し、出店者（チャレンジャー）の事業計画のブラッシュアップを図っている。このような取組みが、卒業者の空き店舗への出店、さらには廃業者なしという成功ヒストリーをつくり上げ、ひいては出店者の確保に寄与しているものと考えられる。

　また、商店街が空き店舗を活用した事業を実施する場合、３ヵ年程度の事業計画をつくり込むことが必要であるが、計画通りに事業が進む可能性は低い。さいたま北商工協同組合では、専任スタッフの退職により飲食の提供が困難となったものの、事業計画の段階からNPO法人との連携体制を築いていたことにより、その後の定期利用につながった。事業計画を策定する際には、商店街関係者以外の外部資源をどれだけ保有しており、どのように活用できるかを検討していくことが重要であろう。

(2) 今後の課題

　今回取り上げた2つの商店街のように、空き店舗を活用した施設が地域に定着し、地域住民などの来街を促す呼び水となっている事例は増えつつある。今後も事業を継続して実施していくため、あるいは空き店舗をさらに減らしていくためには、①人材育成、②地権者の意識改革といった取組みが重要性を増してくる。

①人材育成

　10年後、20年後、30年後を見据えながら、商店街（あるいは地域）関係者の中から空き店舗対策の事業を担う人材を見い出し、育成していくことが不可欠である。その過程では、空き店舗対策の事業で培ったノウハウの「見える化」を進めていくことも必要となろう。

②地権者の意識改革

　商店街にとって、空き店舗（土地・建物）は資産の1つであり、その流動性を高めることで新陳代謝が生じ、商店街の魅力向上につながる。商店街ににぎわいが醸し出されれば、長期的には資産価値の上昇（地権者にとっては、賃料のアップ）も期待できる。

　そのため、地権者の意識を「資産の放置」から「資産の有効活用」へと変化させていくことが重要である。「土地の所有権と利用権の分離」は、資産の有効活用に向けた手法の1つであるが、この他にも、地権者が空き店舗を低リスクで安く貸し出せるような仕組みづくりを検討していくことが求められてくるだろう。

第2章
活性化、販売促進

- 店主セミナー
 「店主のこだわり講座」で商店街を活性化
 東十条銀座商店街

- まちバル
 世田谷区内に広がる「ちょい飲み商店街」現象
 八幡山商福会商店街／千歳烏山駅周辺5商店街

- ポイントカード
 商店街ポイントカード──成功のヒントと将来性
 烏山駅前通り商店街／モトスミ・ブレーメン通り商店街

- 一店逸品
 仲間と磨き上げる、個店の唯一価値
 あらかわ逸品の会／白金商店会

- IT
 SNS活用による商店街活性化
 仙川商店街

- インバウンド
 商店街をあげて外国人観光客をもてなす
 しもきた商店街／原宿表参道欅会

- 地域資源活用
 地域への愛情を推進力にコト消費の空間を提供
 霜降銀座栄会／湯河原駅前通り明店街

- 商店街ハロウィン
 地域の将来の担い手を生む、商店街ハロウィン
 裏浅草ハロウィン／荒川なかまち通り商店会

店主セミナー

「店主のこだわり講座」で商店街を活性化

田村 隆彦

1 このテーマ・取組みを取り上げた理由

ここでは、近隣型商店街において活性化のための取組みにより元気を取り戻している事例を紹介する。

背景として、近隣型商店街は、広域型商店街に比べ店舗数が少なく、運営面で人的資源、財政面で収入が不足している傾向があり、事業上での制約が多い。このような環境の中で、経済的負担を抑えつつ活性化に向けた活動を続けていかなければならない現実に着目したからである。

「平成27年度商店街実態調査報告書」をみると、商店街タイプの中で「衰退している」と感じている割合が一番高いのは、近隣型商店街である。また、商店街への来街者数が減ったと感じている商店街では、その要因として「魅力のある店舗の減少」を一番多くあげている。

東京都北区にある東十条銀座商店街は、平成24年度から北区商店街にぎわい再生プロジェクト推進事業(以下、「北区にぎわい再生事業」)による事業支援を受けている。この支援は、その後、商店街が自らの手で事業を活性化させていくための有効な施策であったと考えている。

2 商店街の具体的取組み(東十条銀座商店街)

(1) 商店街をめぐる状況

東十条銀座商店街は、JR京浜東北線・東十条駅北口から徒歩約5分、東京メトロ南北線・王子神谷駅から徒歩約3分に位置する下町風情が残る商店街である。理事長は小野一男氏で、加盟店数は39店である。総合スーパーのコモディ・イイダを中心に、昔ながらの鮮魚や精肉、青果の生鮮品、和菓子、お惣菜、お酒、お花を扱う店や美容室、飲食店などが、全長400mの通りに軒を連ねている。「安心して、くつろぎながら

商店街の概要
【商店街名称】東十条銀座商店街協同組合 【所在地域】東京都北区東十条3丁目周辺 【商店街属性】近隣型 【商店街加盟店数】39店 【特徴】駅前の近隣型商店街

買い物ができる商店街」、「都内で有数の安い商店街」を目標にしている。

既存の商店とスーパーが共存共栄しているのが、この商店街の大きな特徴である。また、JR東十条駅方面には、東十条商店街（加盟店数約120店）が隣接している。

(2) 商店街の生い立ち

東十条銀座商店街は、昭和27年に結成された。長い歴史を持ち、今なお、生鮮三品を取り扱う店舗が営業している、地域密着型の商

東十条銀座商店街の入口

店街である。バリアフリーに力を入れたこともあり、子どもからお年寄りまで、歩きやすい環境が整備されている。

(3) 取組みのきっかけ・流れ
①行政からの支援の始まり

平成24年に北区にぎわい再生事業による5ヵ年の事業計画に基づく事業支援を受けることが決定され、北区からさまざまな支援を受ける体制が整備された。

②中小企業診断士の関与

北区にぎわい再生事業の支援者として、中小企業診断士A氏が東十

第2章 活性化、販売促進

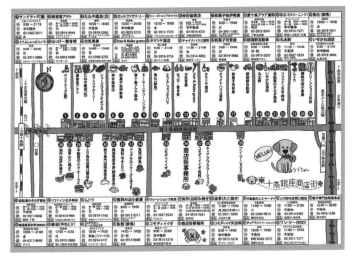

東十条銀座商店街マップ

条銀座商店街のアドバイザーに就任した。そして、翌年の平成25年、アドバイザーの下に若手診断士グループによる支援プロジェクトが発足した。この取組みでは、商店街側と毎月1回の打ち合わせを行い、計画に基づいた支援の実施状況を共有している。北区には、にぎわい再生事業の進捗状況を定期的に報告することになっており、支援チームは平成28年度まで商店街の活性化に向けた側面支援、協力を行うことになっていた。チーム編成については、メンバーの入れ替えをしながら、若手支援員の育成も合わせて行ってきた。

③来街者へのニーズ調査を実施

東十条銀座商店街の支援計画を推進していく中で、支援チームによって商店街の通行人に対するアンケートを実施した。

アンケートに回答した来街者の住まいは、商店街事務所を中心として半径400m商圏に集中していた。商店街までの所要時間は5〜10分の人が多い。また、来街手段は徒歩が60％、自転車が20％となっており、近隣の住民が大半を占めていた。

このアンケートの中で、今後商店街のイベントに参加したいかという

図表 1　商店街加盟店舗アンケート

当面の課題（3つ以内）

客数の減少	同業者との競合	求人難	売上不振	大型店の影響	その他	未記入	総計
13	8	8	4	3	16	20	72

質問をして、興味のある企画として「店主セミナー」、「花見・紅葉」などを選択肢に入れた。その結果、「店主セミナー」が一番得票数が多く、来街者の期待が高い企画であることがわかった。

④商店街加盟店舗へアンケートを実施

一方、商店街加盟店舗に対してもアンケートを実施した。その中の「当面の課題」についての質問に対する結果をみると、「客数の減少」、「同業者との競合」、「求人難」の回答が多くなっていた（図表1）。

「客数の減少」、「同業者との競合」による売上や利益の減少に対し、商店もお客様により良いサービスを提供する必要性を感じていた。実際に、今後の見通しが「良くなる」と答えた商店では、得意先名簿の整理をしており、商店とお客様とのコミュニケーションにより信頼関係を築くことが重要であるという意識を持っていた。

こうして、来街者からの期待と商店街の課題・要望に応え、商店街活性化に役立てる手段として、「店主セミナー」の可能性が浮かび上がってきた。

⑤商店街理事会への提言

支援チームは、「店主セミナー」の実施について平成26年6月の理事会で提案を行い、実施することが決定された。「店主セミナー」の開催方法として、商店街全体で一斉に開催する方法と一店ごとに開催する方法の検討が行われた。店舗数が比較的少ない商店街において一斉に開催すると、どうしても無理が生じるのではないか、無理をしたあげく続けられなくなるのでは意味がない、などの意見が出された。

アドバイザーからは、この取組みは1回限りの打ち上げ花火で終わらせず、1店舗ずつでもいいから長く継続して開催していくこと、各商店の良いところをお客様に知ってもらい、魅力を感じてもらうこと、商店とお客様との関係性を深め、商店街の持続的な活性化と各商店の売上向

上を図っていくことが大切である、との意見が出された。これにより、東十条銀座商店街独自形式での「店主セミナー」の開催に至ったのである。

(4) 取組みの担い手と仲間たちの動き
①店主のこだわり講座の概要

「店主のこだわり講座」の命名は、東十条銀座商店街の小野理事長によるものである。東十条銀座商店街の発足は昭和27年で、60年以上の歴史があり、商店の中には発足当時から営んでいるところもある。それぞれ独自のノウハウを持ち、現在もお客様から受け入れられ、人気を維持している店舗もある。

「店主のこだわり講座」は、「その道のプロ」としてこだわりを持つ商店街店主の想いを、地域の住民にセミナー形式で紹介する個店支援の事業である。店の最大の資産である「店主」とその「商品知識」を活用し、イベントそのものが店にお客様を呼び込む、有効な取組みであると考えている。

②第1回こだわり講座開催

「店主のこだわり講座」開催に向けての話合いは、平成26年10月頃から始まった。週1回のペースで支援チームが商店街に集まり、企画案を検討した。商店街との話合いの結果、平成27年2月15日に、「寿司と酒の世界」をテーマとして「丸太鮨」店主の鈴木氏

第1回「店主のこだわり講座」
(寿司と酒の世界)の様子

と「いせかね酒店」店主の鎌田氏が講義を行うことに決定した。2店舗合同で開催するため、開催場所は商店街の組合事務所を使用することになった。事務所は北区の補助金を活用し、前年度にトイレの改装や椅子・机の新調を済ませ、イベントの会場にも使えるようにリニューアルしていた。

集客については、商店街各店舗でのお客様へのチラシ配布の他、北区産業振興課や近在の金融機関窓口にチラシを置いてもらうなど、さまざ

まな試みを行った。開催当日は、商店街の組合事務所に15人を超える方々が参加し、事務所から人があふれるほどであった。

講座では、マグロの部位による味の違いやお酒の種類の話、さらには酒店店主の鎌田氏企画の「きき酒」クイズなどで大変な盛り上がりをみせた。

③取組みの担い手と役割

「店主のこだわり講座」は、理事会、開催店舗、中小企業診断士・支援チームの三位一体の取組みと行政からの支援により開催されている。

役割分担として、理事会は、講座の開催希望店舗の情報を収集して支援チームに連絡するなど、運営に関与している。また、開催店舗では、支援チームとのすり合わせ、当日の講義レジュメの作成、自店での開催の場合は、会場づくりのためのレイアウトの変更などを行っている。

診断士支援チームの役割は、以下の通りである。
・商店街の店舗への開催の勧誘、開催が決まった店舗との講座内容や開催時期の打ち合わせ
・チラシのデザイン作成と発注
・講座開催前のチラシのポスティングと商店街での通行人への配布の手伝い、受講生用ノート、アンケートの用意
・開催当日の会場準備、運営
・講座終了後アンケートの取りまとめ、報告

また、東十条銀座商店街でシューズショップを経営している大塚佳宏氏は、北区商店街連合会で副会長を務めている。大塚氏は、東十条銀座

図表2 「店主のこだわり講座」これまでの開催実績

	開催時期	講座名	講師	参加者数
第1回	平成27年2月 (休日昼)	寿司と酒の世界	いせかね店主 丸太鮨店主	15名
第2回	平成27年8月 (平日夜)	珈琲の基本と、プロに学ぶ美味しい珈琲の淹れかた	神谷珈琲店主	13名
第3回	平成28年5月 (休日昼)	春から始めるガーデニング講座	たねや園芸店主	8名
第4回	平成29年2月 (平日昼)	プロに学ぶお好み焼き講座	浜作店主	6名

商店街と北区商店街連合会、北区産業振興課の橋渡し役となっており、円滑なコミュニケーションが取れる体制ができている。

(5) 取組みの成果

「店主のこだわり講座」の開催時に、受講者と店主に満足度アンケートを実施している。

アンケート結果では、「満足、また参加したい」と「やや満足」で100％を占めており、「やや不満」と「不満」の回答はなく、参加したことが自分にプラスになったという結果が表れている。参加した人が満足して「また参加したい」と感じた割合も、8割を超えている。これは、参加者の満足度が高く、成果に結びついているものと評価できる（**図表3、図表4**）。

同時に、アンケートでは「本イベントへの感想」、「商店街への意見」を自由に記入してもらった。

「本イベントへの感想」では、「初めての参加、これからも色とりどりで行ってください」（第1回）、「コーヒーが好きなのでもっと知りたいと思い参加しました。ちょっとした疑問でも解決できて良かったです」（第2回）、「たくさん質問して教えていただき勉強になりました。わか

図表3　参加者満足度アンケート結果（有効回答率86％）

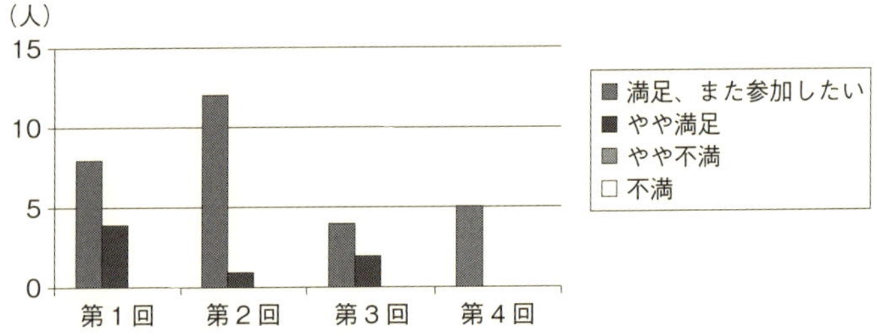

図表4　「また参加したい人」の割合

	第1回	第2回	第3回	第4回	平均
満足、また参加したい割合	67％	92％	67％	100％	81％

「北区商連」店主のこだわり講座記事

らない事があったらぜひ、また来て教えてもらおうと思いました」(第3回)、「お好み焼きの焼き方、時間のタイミングなど分かりやすく参考になりました」(第4回)、などの高い評価が多く寄せられている。

「商店街への意見」においては、「初めて参加したがこのような機会があるとお店にも入りやすいと思う。良い試みだと思う」(第2回)、「ワインやビール、各国料理、お花、パンなど各お店からのアピール点やプロからのアドバイスを聞いてみたい」(第2回)、「大いに頑張ってください。町内がパッとするようなものを開いてください」(第3回)、「良い商店街なので、これからも頑張ってください」(第4回)、など、商店街への前向きで温かい激励も寄せられている。

回数を重ねるにつれ、地元の近隣住民からの認知度が向上している手応えを感じることができた。

3 診断士が診た、成功のポイントと今後の課題

(1) 成功のポイント

「店主のこだわり講座」は、これまでに4回開催した。5回目の開催も、すでに予定されている。この活動が店舗に受け入れられる理由は、主に次の3つであると考えられる。

①講座を実施することにより、あらためて店主自身の技能、知識の棚卸

第3回「店主のこだわり講座」(春から始めるガーデニング講座)の様子

第4回「店主のこだわり講座」(プロに学ぶお好み焼き講座)の様子

しができ、参加者とのコミュニケーションから新たな気づきを得られることで、店主の士気向上につながる。

② 1店舗ずつの開催でいいため、店舗の希望を尊重して開催できる。例として、第3回に開催した園芸店の場合、最初に店主のこだわり講座を紹介したのは、7月初旬であった。開催を決め、開催時期の打ち合わせ時に、店主からガーデニングは緑があふれる春から始める人が多いので春の講座として開催する方がいいというご意見があり、これに合わせ翌年の5月に開催した。

このように、店主の希望をできる限り受け入れることで、精神的な負担を少しでも取り除き、前向きに取り組める環境づくりを心がけた。

③ 開催に際して、店舗の経済的負担が少ない。外部へ支払う費用は、講座に必要な材料代とチラシ作成代が主な内訳である。材料代は募集時に明示することで、受講者が負担するのが一般的である。東十条銀座商店街の場合、チラシデザインは支援員が下書きしたものをもとに店主と意見合わせを行い、印刷会社へ依頼して作成している。印刷代金は5,000円程度であるが、この費用は商店街が負担し、店舗へは負担をさせていない。

(2) 今後の課題

東十条銀座商店街の今後の課題は、活動を通じて商店とお客様との関係性を深めていくことである。身の丈に合った活動を地道に継続してい

くことで、近隣の住民に広く認識してもらえるようになっていく。そして、それが来街者の増加と各店舗への来店者の増加を実現させ、売上拡大につながっていくことを期待したい。

「店主のこだわり講座」を一過性のイベントに終わらせず、継続的に実施していく体制を維持することが重要である。また、個々の商店では自店の強み、魅力の棚卸しを行い、お客様との信頼関係を構築するツールとして「店主のこだわり講座」をうまく活用し、自店のファンを増やしていく努力が求められる。

まちバル

世田谷区内に広がる「ちょい飲み商店街」現象

松原 憲之／永井 謙一／田島 哲二

1 このテーマ・取組みを取り上げた理由

「まちバル」とは、飲食店を中心にした食べ飲み歩きイベントである。商店街により多少異なるが、700円券5枚セットのチケットを3,500円程度で購入し、複数のお店を"ちょい飲み&つまみ食い"して、はしごするイベントといえる。ここでは、世田谷区の施策を利用した2つの商店街の取組みを紹介したい。

平成27年2月13日に八幡山商福会商店街でまちバルが開催されてから、世田谷区ではこれまで11ヵ所の商店街（連合体を含む）により19回のまちバルが開催されてきた。世田谷区内でまちバルが増えているのには、次の3つの理由がある。

①**商店街活性化の観点から取り組みやすく、効果が見込める**

まちバルは、自店で行うイベントであるため、お客様に直接、店の良さを伝えることができる。また、従来型イベントだと経営者が店の外で運営をサポートする必要があったが、そういった負荷もない。さらに、必要となるコストがチケットやポスターなどの製作費用に限定されるため、低コストで運営できる。

②**世田谷区が資金面のサポートをしている**

世田谷区には、まちバル・まちゼミのイベント開催に対する補助金がある。各商店街は年間2回まで、まちバル・まちゼミのいずれかを行う際に対象経費の半分（上限額25万円）の補助を受けることができる。対象経費は主にパンフレットやポスターなどの周知費用が中心となるが、特にはじめて企画する際には、経費負担の補助があることは、商店街のイベントを企画する上で後押しになっている。

③人的なサポート体制がある

　世田谷区では、産業活性化アドバイザー派遣制度（以下、「アドバイザー派遣制度」）という（公財）世田谷区産業振興公社の施策がある。アドバイザー派遣制度のうち、振興組合となり法人格を有する商店街組織への派遣では、中小企業診断士から年間8回（平成29年度は10回を予定）の支援を受けることができる。現在、世田谷区では26の商店街に中小企業診断士が派遣されており、商店街がまちバル等の企画を立てる際には相談に乗り、企画、運営をサポートしている。

　このように、まちバルには本来のイベントとしての魅力があることに加え、補助金という資金面でのサポート、アドバイザー派遣制度によるソフト面でのサポートがあることで、世田谷区内においてまちバルを開催する商店街が増えているものと考えられる。

　さらに、本テーマの著者3名は「世田谷区のまちバル・まちゼミ情報」というWebサイトを立ち上げている。「費用と時間をかけず、自由度の高い」Webサイトをつくろうと試行錯誤しながら、平成27年10月に立ち上げたものである。現在、世田谷区内のまちバル・まちゼミに限定し、情報発信の場を提供することを目的として運営している。掲載データについては、各商店街の担当アドバイザーから開催情報（チラシ、パンフレット）をPDFや画像ファイルで入手しているが、掲載

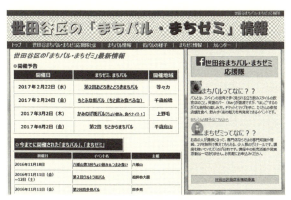

世田谷区まちバル情報Webサイト

2 活性化、販売促進

まちバル参加店を勧誘する際に活用している四コマ漫画

にあたっては、商店街の代表の承認を得ることを原則としている。

サイト立上げ当初のアクセス数は少なかったが、現在は、（公財）世田谷区産業振興公社、せたがや中小企業経営支援センターのホームページにリンクを張っていることもあり、認知度が向上している。また、はじめてまちバルを企画する商店街の参考となるよう、過去の開催記録データの蓄積や、四コマ漫画の掲載もすすめてきた。

今年度から、情報の拡散を図るため、フェイスブックページとの併用を開始している。世田谷区商店街のまちバル・まちゼミ応援隊として情報発信面からの支援を継続し、その認知度向上に貢献したいと考えている。

2 商店街の具体的取組み

(1) 八幡山商福会商店街
①商店街をめぐる状況

平成25年に世田谷区内で42番目の振興組合となった八幡山商福会商店街は、世田谷区と杉並区の端境に位置するエリアで京王線・八幡山駅

商店街の概要
【商店街名称】八幡山商福会商店街振興組合 【所在地域】東京都世田谷区上北沢4～5丁目、および杉並区上高井戸1丁目周辺 【商店街属性】近隣型、地域型 【商店街加盟店数】約80店（うち、飲食店22店） 【特徴】駅前商店街ながら巨大病院が隣接する特殊な商圏

北側に広がる駅前商店街として栄えてきた。

② 取組みのきっかけ・流れ

商店街では、地元住民から意見を聞く「消費者懇談会」を年に1回開催している。法人設立後、2年連続して同じような意見が次の2点に集中した。

・商店街に加盟している店を知らない、興味がない。
・関心のある店（特に飲食店）はあるが、入りにくい。

以前より、当商店街エリアに点在する魅力的な飲食店の認知度が低いことに危機感を抱いていた理事長の小塚千枝子氏は、個店の情報発信力を上げることが何よりの課題と考えていた。そこで、料理の美味しさや、雰囲気の良さ、素晴らしい接客サービスを伝え、地元住民が気軽に入店できる"きっかけ"を提供する食べ飲み歩きイベント「まちバル」を実施する案が浮上した。しかし、成功している先行事例は、観光地（夜景の有名な函館、清酒発祥地の伊丹など）や、繁華街のみであった。駅前商店街とはいえ、郊外の住宅地エリアで受け入れられるのか、未知の領域を開拓するような手探り状態での船出となった。

③ 取組みの担い手と仲間たちの動き

飲食部会が組織されていない当商店街において、飲食加盟店と理事会役員とのコミュニケーションは希薄であった。そのため、初期活動として取り組んだのは、旗振り役である実行委員長と、サポート役を担ってもらえそうな飲食店経営者に対して、まちバルの目的と効果を説明し、賛同してもらうことだった。

活動の口火を切ったのは、小塚理事長である。営業時間帯の異なる飲

2 活性化、販売促進

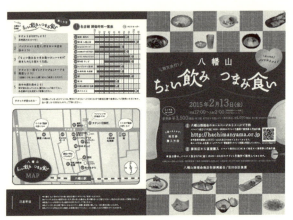

八幡山まちバルパンフレット

食店の経営者とコミュニケーションを取るため、理事長自ら一店一店飲食を伴いながら協力要請を行い、飲食店の名前を「さん」付けで呼び、親近感を醸成しつつ関係を深めていった。ようやく前向きな飲食店が3店ほど集まり、さらに飲食店同士が誘い合うことで、目標としていた12店舗へ到達した。

　まちバルでは、参加する飲食店がイベントの主体者であり、主たる受益者といえる。そのため、通常のイベントのように理事会役員任せでは開催はおぼつかない。しかし、はじめてのまちバルを立ち上げるには、多くの協働作業に取り組まなければならないのも事実である。特に、競合関係にある飲食店同士が協働作業を行うのはハードルが高いと想定されたため、実行委員会形式をとって、意志の統一を図ることにした。委員長には飲食街の重鎮であるベテラン経営者を据え、参加全店を実行委員に任命し、全員、まちバル事業に参画させることで、フリーライダーを生まない環境を整えた。

　2回の実施検討会を踏まえて開かれた初回の実行委員会では、会議を参加しやすい日時（水曜日14：30〜15：30の1時間限定）に設定することで、「原則、毎回全員出席」をルール化し、開催までに検討しなければならないさまざまな項目について、十分な準備期間を設けることを

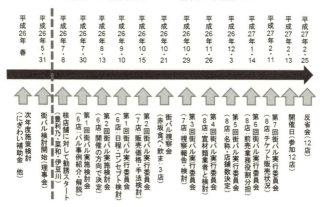

図表1　八幡山まちバル：計画から開催まで

平成26年春	次年度施策検討（にぎわい補助金 他）
平成26年5・31	街バル検討開始（理事会）
平成26年7・8	核店舗に対し勧誘スタート（豊利乃・菜和・伊豆川）
平成26年7・30	第1回街バル実施検討会（6店：バル事例紹介・解説）
平成26年8・13	第2回街バル実施検討会（6店：開催の方向で決定）
平成26年9・10	第3回街バル実施検討会（6店：日程・コンセプト検討）
平成26年10・15	第1回街バル実行委員会（7店：販売価格・手法検討）
平成26年10・21	第2回街バル実行委員会（赤short食・飲まされ3店）
平成26年10・29	街バル視察会（赤short食・飲まされ3店）
平成26年11・26	第3回街バル実行委員会（7店：視察報告・検討）
平成26年12・3	第4回街バル実行委員会（8店：宣材類案と検討）
平成27年1・14	第5回街バル実行委員会（8店：名称・店舗数決定）
平成27年2・11	第6回街バル実行委員会（8店：前売事務役割分担）
平成27年2・13	第7回街バル実行委員会（8店：チケット販売状況）
平成27年2・25	開催日（参加12店）
—	反省会（12店）

決めた。その結果、図表1に示すような計9回もの会合を持つことができた。

実行委員会の初期段階では、想定するお客様像や、そのニーズなどの考察を通じて、当商店街独自のまちバル計画を策定していった。例えば、提供するバルメニューは「看板メニュー」を基本とし、仮に原価率の高い食材（ふぐ刺しなど）であっても、分量調整や仕入業者との交渉などにより、価格以上の価値をお客様に感じてもらえるようにする工夫を求めた。また、パンフレットにはメニューや店頭ファサード画像だけでなく、「店内の様子やスタッフの笑顔」を必ず掲載するように義務付けた。

他にも、開催当日の営業をまちバル専用（貸切）にするのか、一般フリー客にも開放するのかなど、難しいテーマが次々と降りかかってきた。しかし、開催する目的を「新規来店客の"きっかけ"づくり」と「リピーター客（生涯顧客）の育成」に絞り、「当日の売上・利益は追求しない」との共通認識が図られていたため、結論を出すのに多くの時間はかからず、

看板メニュー＆スタッフ

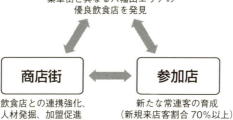

図表2　八幡山まちバルの成果

迅速な合意形成に至った。

　さらに、はじめて開催するまちバルの成否を握るポイントとして意識されたのは、徹底した前売券の販売である。天気に左右されることの多い商店街イベントの弱点を補完するこのテーマについては、参加店の覚悟を問うことになった。他人事ではない（フリーライダーを出現させない）、自らが参画しているイベントであることを認識して、各店がノルマ的に10セットずつチケットを購入し、責任を持って販売することになった。思うように売れない日々を焦りながら過ごしたが、開催日に近づくにつれて売れ始め、結果的に310セット（バラ券1,550枚）を販売することができた。

④取組みの成果

　これらの活動を通じ、「まち」として、八幡山駅北側商店街と南側商店街が融合し、図表2に示すような成果が得られている。

(2) 千歳烏山駅周辺5商店街
①商店街をめぐる状況

　世田谷区西部に位置し、準特急が停車する京王線・千歳烏山駅周辺を中心にして南北に広がる5商店街が合同でまちバルに取り組んだ。

②取組みのきっかけ・流れ

　千歳烏山駅周辺5商店街では、10年ほど前から青年部を中心に「ち

商店街の概要

【商店街名称】烏山商店街振興組合、烏山駅前通り商店街振興組合、烏山西口駅前商店街振興組合、烏山駅南口商店会、南烏山六丁目商店街
【所在地域】東京都世田谷区南烏山4～6丁目周辺
【商店街属性】広域型
【商店街加盟店数】約400店

とからパフォーマンスカーニバル」(10月体育の日)を合同で開催してきた実績がある。また、まちゼミにも連携して取り組んできた。

一方、区内においてまちバルが急激に増加傾向を見せ始めたこともあり、数多くの飲食加盟店を抱える当エリアでの開催を検討することになった。

③取組みの担い手と仲間たちの動き

5商店街から、それぞれ青年部長、飲食店代表がまちバル実行委員に名を連ね、総勢10名の実行委員会が立ち上がった。通常、予算規模やマンパワー、加盟店数などさまざまな面で異なる5商店街が連携するのは至難の業であるが、"10年間の信頼関係"が礎となり強い団結力を発揮している。参加予定の飲食店に対する全体説明会も3回にわたって実

千歳烏山まちバルパンフレット

施し、その都度、齟齬がないように綿密な事前打ち合わせを実行委員会によって行った。その結果、参加した飲食店は45店となり、チケットも1,154セット（バラ券5,770枚）を販売することができた。

まちゼミでのバル講座

まちバル実行委員長・石澤幸一氏の経営する寿司店では、まちゼミ講座のテーマに「まちバルの楽しみ方」を取り入れるなどして、相乗効果を図る試みも行っている。

④取組みの成果

これらの活動を通じ、「まち」として、地域間競争に打ち勝つ5商店街の連携が実現し、**図表3**に示すような成果が得られている。

図表3　千歳烏山まちバルの成果

- お客様：ウラちとからエリアの優良飲食店を発見
- 商店街：加盟促進、加盟店販促支援、商店街ごとの分断イベント解消
- 参加店：新規客獲得＆リピーター客づくり（オーバーストア状態での生き残り策）

3 診断士が診た、成功のポイントと今後の課題

(1) 成功のポイント

まちバルには、「7つの効果」がある。2つの地域で行われたまちバルに共通するのは、「開催することで得られる効果」を事前にしっかりと

図表4　まちバル「7つの効果」

- 【お客様】ファサードバリア（入りづらさ・高い敷居）を解消
- 【お客様】リアルな出会い・温もりの場（人×店×街）を提供
- 【参加店】来街者ではなく、来店者（新規客）の増加
- 【参加店】リピーター客（生涯顧客）の育成機会
- 【商店街】新たな（若い）人材の発掘
- 【商店街】加入促進対策の一助
- 【 まち 】商店街連携、融合のプラットフォーム機能

把握し、目的を持って計画を推進したことにある。明確な目的を持たないまま、前例踏襲型イベントを実施する活動とは一線を画していた。

　また、特筆すべき点としてあげられるのは、短期間で1つの行政区内の各商店街に幅広く浸透したことである。きっかけは、区内最後発で加盟店数も多いとはいえない八幡山商福会商店街が、リスクを恐れず、果敢にチャレンジしたことである。他の商店街に対しても、「あの八幡山ができたのなら、うちの商店街にもできる」という機運を高め、小・中規模商店街のロールモデルになった。これによって、小塚理事長は区内商店街の勉強会で講師を務めることになり、さらに"まちバル賛同者"を増やすことにつながった。

　一方、区内商店街の雄である烏山駅前通り商店街を中心とした5商店街についても、先行優良事例を真摯に視察・研究し、自ら企画した複数商店街合同まちバルを見事に成功させた。

　初回の成功が継続開催への動機付けとして重要であることを認識していた両商店街には、当初から相応の「覚悟」がうかがえた。この2つの事例は、商店街規模の大・小、有名・無名を問わず、初開催に向けた覚悟と周到な準備が必須であることを明確に示す形となった。リーダーや参加店の強い覚悟が主体的な取組みを生み、フリーライダーを極力出現させない環境をつくり、お客様が喜ぶ価値を真剣に考えるに至ったのである。

(2) 今後の課題
①自主財源の確保
　まちバルを継続的に開催するためには、補助金に頼らずに実施できる仕組みを考える必要がある。例えば、まちバル運営費として、参加店から参加費やロイヤリティ収入（バラ券@100円程度）を得るのは受益者負担の原則から考えると理にかなっており、参加店数が増える（飲食店に限らず、業種業態を広げることも一案→テイクアウトを誘う「みやバル形式」で、物販店を参加させる試みも始まっている）に従って潤沢な財源となる。また、地域のステークホルダーから適正な広告費や協賛金などを得る方法も考えられる。

②お客様満足度の継続的アップ
　開催回数を重ねるごとに、お客様の事前期待値は高まってくる。単なる客寄せ割引イベントではなく、お客様が喜ぶ価値を提供するイベントであることを再認識することが重要だ。そのためには、アンケートなどを活用し、お客様満足度の検証や、新たなニーズを把握する努力が欠かせない。例えば、どんなにコストパフォーマンスに優れたバルメニューを提供したとしても、通常営業時と異なる店舗状況に忙殺され、退店時のお見送り・声がけがおろそかになれば、後味の悪いクロージングとなり、お客様の「リピートしたい」という気持ちが薄らいでしまう可能性が考えられる。細かいことだが、大切なポイントである。

(3) まちバルへの想い
　どんなに小規模で無名な商店街であっても、まちバル開催を断念する必要はない。実施可能な店舗数からスタートし、徐々に賛同者を増やせばいいのである。たとえ数店舗であっても、"実現させる"という熱意と創意があれば、他店を巻き込んでいく原動力となる（1店しかなければ、"店バル＝単独まちバル"から始めよう）。

　初回は様子見を決め込んでいた周辺店舗の経営者も、「当日のにぎわい」、「お客様の笑顔」、「参加店スタッフの達成感」を目の当たりにすれば、必ずや参加意欲が高まるはずである。また、自らの商店街で開催回数を重ねた後は、近隣の商店街に対して積極的にノウハウを公開し、成

功事例(ときには失敗事例)を共有することで、商店街レベルでの賛同者を増やしていく誠意も必要だ。

3回目(平成28年11月18日)を迎えた八幡山では、長年、駅をはさんで南北に分かれていた商店街が、双方の飲食店同士による共催の可能性を探ってきた。結果的には数店規模の相乗り参加にとどまったが、大いなる前進といえよう。初回時に比べて、参加店舗数やチケット売上は倍増し、今後の展開が楽しみな状況になってきている。

いま、商店街の業種別店舗数の割合は、飲食店が30.0%でトップである。また、直近3年間の業種別店舗数の変化をみても、飲食店の増加率がトップとなっている(「平成27年度商店街実態調査報告書」より)。業種構成から考えて、「まちバル」は時代の要請といえるだろう。

読者の皆様が携わっている、あるいは将来的に計画している「まちバル」とつながることで、熱意、創意、誠意の輪を国内各地に広げることができれば望外の喜びである。

●世田谷まちバル・まちゼミ応援隊

Web:http://home.d05.itscom.net/machi/
Facebook:https://www.facebook.com/setagayamachibaru/
E-mail:setagayabarsemi@freeml.com

ポイントカード

商店街ポイントカード
——成功のヒントと将来性

中島　誠／秋山　典克

1 | このテーマ・取組みを取り上げる理由

　商店街は、ポイントカードで各個店を結び付けることにより、個店ではできない魅力を生み出すことができる。商店街の各個店が連携し、顧客が商店街全体でポイントをためる楽しさ、ポイントによるお買い得感を創出することで、商店街の個店が、互いの顧客を誘引し合う作用が働く。この結果、個店単位での来店者数を増やし、個店の売上の増加にもつなげることができる。

(1) 商店街ポイントカード運用・導入の目的

　現在、一部地域を除き多くの商店街が、少子高齢化、人口減少や大手小売店への顧客流失により、来街者が減少し衰退している。こうした状況に対し、商店街全体の魅力を高め、顧客の囲込みを行う取組みの1つとして、ポイントカードの運用・導入がある。

(2) 商店街ポイントカード取組みの現状

　商店街のポイント発行は、共同事業である。大型店やチェーン店、そして全国共通ポイントが盛んに発行されているが、消費者には、これらと商店街ポイントとの区別がつきにくくなっている。
　「平成27年度商店街実態調査報告書」(有効回答数2,945件)によれば、商店街のポイントカード(サービス券・スタンプ発行含む)の取組み状況は、図表1の通りとなっている。
　予定なしの任意団体は48.1％で高い値となっているが、導入時の資金的制約が大きな理由と思われる。全体的な流れとしては、小規模な商店街でのスタンプ・ポイントカード事業の中止・廃止が増加している。

図表1 商店街ポイントカードへの取組み状況

		サービス券・スタンプ・ポイントカード				
		取組み中	検討中	予定なし	無回答	合計
組織形態	商店街振興組合	383	91	506	209	1,189
		32.2%	7.7%	42.6%	17.6%	100.0%
	事業協同組合	154	23	118	56	351
		43.9%	6.6%	33.6%	16.0%	100.0%
	任意団体	320	91	676	318	1,405
		22.8%	6.5%	48.1%	22.6%	100.0%
合計（実数）		857	205	1,300	583	2,945

＊数値は上段が実数、下段が比率（％）
出典：中小企業庁「平成27年度商店街実態調査報告書」

　平成8年には、不当景品類及び不当表示防止法の改正により、大企業もポイント発行が可能になるなどの逆風が吹いた。このような中、商店街におけるポイントカードは、その有効な活用方法を見い出せなければ、継続していく意義がなくなりかねない。

　しかし、今後の地域と商店街の役割を踏まえたポイントカードの取組みも出てきている。ここでは、商店街ポイントカードを成功させている2つの事例を取り上げる。どちらも、ポイントカード事業を成功させ、さらに進化を続けている商店街である。

2 商店街の具体的取組み

(1) 烏山駅前通り商店街
①商店街をめぐる状況

　本商店街は、新宿から十数分の京王線・千歳烏山駅を中心に南北に広がる、長さ約1.7kmの商店街である。スタンプ事業をはじめ、新しいことにチャレンジし続けており、全国商店街のお手本となっている。

②取組みのきっかけ・流れ

　烏山駅前通り商店街のスタンプ事業がスタートしたきっかけは、近隣への大型スーパーの出店であった。商店街の各個店が価格競争に巻き込まれないために、共同で付加価値を付ける目的で、昭和40年に導入された。

商店街の概要

【商店街名称】烏山駅前通り商店街振興組合(愛称「えるもーる烏山」)
【所在地域】東京都世田谷区南烏山6-3-1
【商店街属性】地域型
【商店街加盟店数】約160店
【特徴】桑島理事長は、当商店街のみならず、全国の商店街振興に尽力している。

このスタンプ事業は、商店街での導入の先駆けとなり、「烏山方式」と呼ばれている。従来のスタンプシールは、カタログに掲載している商品と交換する方式であったが、「烏山方式」では商店街での買い物に使用できることが、当時としてはまったく新しい発想であった。

烏山駅前通り商店街の景観

昭和63年には、中小企業庁「未来型中小小売商業情報化実験プロジェクト事業」でのカードシステム導入実験により、IC多機能カードシステムを導入する。加盟店のカード読取機は既存のクレジットカードの端末を利用しているため、クレジット機能、プリペイド機能も有しており、カード決済でも買い物ポイントが付与されていた。

ICカードは劣化が早いため、導入以降5年程度で更新され、現在は4代目で、クレジット機能、プリペイド機能を切り離し、交通系カードと銀聯カードに対応させている。更新ごとに、新たなコミュニティ機能などを追加し進化している。

ICカードの機能が進化しているにもかかわらず、今でもスタンプシールとICカードの併用を行い、シールを貯めることを楽しみにしている顧客の要望にも応えている。現在の利用割合は、シールとICが5:5となっており、シールには根強い人気がある。烏山方式は、昭和55年の法人税基本通達に沿った税務処理を行い、課税対象となる利益を消費

者に還元してスタンプの付加価値を高めるものである。

③ **取組みの担い手と仲間たちの動き**

取組みのキーマンは、やはり商店街のトップである桑島理事長である。また、そのリーダーを支えてきた事務局も、それを取り巻く仲間として、本事業の担い手を果たしてきた。

桑島理事長は若い時代から、商店街が繁盛するには、「まち力」が必要と考え、繁盛するまちづくりを行ってきた。大型店やディスカウントストアが価格競争を仕掛けていた時代に、烏山駅前通り商店街では、スタンプカード事業の取組みを開始し、安売り競争を回避してきた。

ポイントカード発行や商品交換、トラブルの対処は事務局が行うが、スタッフの存在が大きい。

④ **取組みの成果**

・**事業収入の確保**

会員数はおよそ4万人で、スタンプ事業加盟店は約80店舗（商店街全体の約50％）、近隣の商店約30店舗を合わせ、110店舗となっている。加盟店の購入単価は、「1スタンプ（ICカードではポイント、以下、ポイントで表記）2円」である。お客様へは100円で1ポイントが進呈され、400ポイント貯まると500円分の買い物や商品と交換できる。

加盟店の購入金額（400ポイント分800円）とお客様の交換金額（500円）には300円の差額が発生し、その差額は事務局運営、加盟店のための販売促進費に使用している。平成26年度の事業収入は、約7,300万円である。

・**地域への貢献**

烏山駅前通り商店街のスタンプ事業の特徴として、交換できる品目が多いことがあげられる。商店街での買い物時の使用以外に、映画や東京

スタンプ台紙とスタンプカード

ディズニーリゾートのチケット、箱根や熱海の温泉ホテル宿泊券への交換ができる。また、商店街の自転車駐輪券との交換ができ、日々の暮らしに役立つ品目も用意されている。

また、当商店街のカードのポイントは、金融機関への預金が可能である。当初は昭和信金烏山支店のみであったが、現在は千歳烏山地域6ヵ所の金融機関で400ポイントにつき500円分の預金ができ、また定期預金をするとポイントが貯まる。金融機関側には、預金額が増えるメリットがあり、商店街側には、預金や引出しを行った顧客がついでに商店街で買い物をしていくというメリットがある。さらに、金融機関でもポイントが当たる抽選会や預金者を増やすイベントを行っている。

スタンプの定期抽選会

4代目カードの大きな特徴は、コミュニティ機能を強化し、「見守りポイント」を追加したことである。これは、烏山支所管内に単身で居住する65歳以上の人が事前登録を行い、加盟店にスタンプカードを提示すると、ポイントが進呈される。さらなる機能として、一定期間見守りポイントの付与がない場合は、登録者に連絡し、健康状態などを確認することになっている。

その他にも、毎月第1日曜日の朝、千歳烏山駅周辺の清掃活動に参加することで100ポイント進呈されるボランティアポイントやマナーポイント、相談ポイント、ペットボトルポイント・ノー包装ポイントなどの付与が行われている。

これらの根底にある考え方は、地域貢献である。商店街も地域の一員であるが、積極的に地域に関わり貢献していくのは容易ではなく、商店街には地域貢献に対する強い意志が求められる。そんな中、当商店街のスタンプ事業は、商店街を訪れる顧客、商店街の各加盟店の両方にメリットがあり、なくてはならない事業となっている。

⑤成功の秘訣

烏山方式のスタンプ事業が50年以上も続いている秘訣は、大きく3つある。1つ目は、安易な値引きを行わないため、加盟店への負担が軽減されていること、2つ目は、クレジットカード機能とポイントカード機能を対応させるなどの充実を図り、日々進化していること、3つ目は、買い物だけではなく、清掃活動などへの参加でポイントが得られるコミュニティ機能が備わり、住民や行政が一体となり、公共的な役割が強化されたことである。

(2) モトスミ・ブレーメン通り商店街
①商店街をめぐる状況

神奈川県川崎市のモトスミ・ブレーメン通り商店街は、渋谷と横浜のほぼ中央にあり、急行が止まらない駅の駅前に立地するが、多くの視察者が訪れる。渋谷・横浜の大消費地にも近いため、顧客が流出する可能性もあるが、顧客の支持を得てにぎわっている。

元住吉西口商店街から現名称に変更したのは、平成元年である。当時、隣の武蔵小杉に顧客を奪われて、商店街が衰退している状況にあった。昭和60

ブレーメン通り商店街の景観

商店街の概要

【商店街名称】モトスミ・ブレーメン通り商店街振興組合
【所在地域】神奈川県川崎市中原区木月
【商店街属性】地域型
【商店街加盟店数】約160店
【特徴】事務局や青年部が積極的に活動し、地方からの視察も多い。
　　　総務省のマイナンバー制度との連動実験商店街にも選ばれている。

年に開始したモール化事業をきっかけとして、かつての客足を取り戻すべく、新たな商店街のイメージを付加することも、ポイントカード導入の目的であった。

②取組みのきっかけ・流れ

昭和60年、手貼りによる満点方式（350枚すべてを貼ることで、500円の利用が可能となる）モトスミ・ドリームチップを開始する。

平成18年に、若者に人気がなく使い勝手が悪かったため、大手量販店のように、1ポイントから利用できるリライト式ポイントカード「ブレカ（BRECA）」に変更した。リライト式は、ポイントカードにもポイント数が表示され、お客様にも所有ポイントがわかりやすかった。

しかし、機器の経年劣化により、エラーカードが多くなり機械の故障が増えたため、基本システムを変えずに、故障が少ない方式を模索した。その結果、平成26年9月より、リライト式からコスト面・汎用性でも優れている非接触型のICポイントカードのNEWブレカに変えたことで、故障は確実に減少した。

現在の加盟店は68店舗で、商店街全体の約40％と加盟率は高いとはいえないが、ナショナルチェーンも参加している。購入単価は「1ポイントは1.8円」で、お客様へは100円で1ポイント付与し、1ポイント1円で買い物に利用してもらうシステムである。加盟店で回収されたポイントは事務局が1.1円で買い上げるので、その差0.7円分が運営費となり商店街の各種事業が展開され、さまざまな形で消費者へ還元される。

仮に500ポイントとすると、加盟店は1ポイント1.8円で、900円を組合に支払う。500円分をお客様に還元すると、400円分の差益が生まれ、これが事業収入になる。平成26年度で約2,700万円の事業収入をあげている。

非接触型のICポイントの導入予算は3,200万円、各加盟店設置分一式（タブレット・レシートプリンター・設置台他）が約19万円で、これを86台（1,634万円）組合で購入し、事業加盟各店舗に無料で配付した。ICカードが3万枚（@246円）492万円、本部設置分パソコン・ポイント管理ソフト・専用サーバー等の購入費用が500万円、その他経費が574万円で、国の補助金3分の2、市の補助金6分の1、借入6分

の1で賄った。

　加盟店のランニングコストは、メンテナンス、タブレット使用料（docomoのSIMカードを利用しているので通信料）として、毎月500円とサーバー利用料800円がかかる。これらの費用は、各店舗が1,000ポイント以上発行すれば利益が出る仕組みとなっている。ポイントはクラウドサーバーで管理され、商店街側から市場に滞留しているポイント数、日々各加盟店が付与・回収するポイント数が随時把握できるようになっている。

ブレカ加盟店証

　商店街ポイントカードの活用で、平成28年度経済産業省「はばたく商店街30選」、第3回「かながわ商店街大賞」を受賞するなど、先見性や独自性が評価され、モチベーションも上がっている。

③取組みの担い手と仲間たちの動き

　理事長自身のリーダーシップが果たした功績は大きい。「他の真似をするな」という理事長の信念が先見性や独自性を生む組織風土を育んでいる。また、「楽しくなければ仕事ではない」という理事長の考えのもと、青年部・事務局・理事会が楽しんで仕事をしている。

　本商店街の事務局は、常駐職員とアルバイトの3人体制で運営している。これには、年間800万円の人件費予算を取っている。事務局があることにより、加盟店の事務的作業の負担を減らしている。加盟店に代わってポイント管理を行い、タブレット端末にトラブルがあった時には、ポイントカードのデータ修正をしている。

④取組みの成果

・顧客にとっての魅力向上

　入会金と年会費が無料な上、手続きは簡単で、誰でも簡単に入会でき、平成29年4月現在、登録会員数も2万5千人を超えている。

　お客様にとっては、100円（プラス税）ごとの買い物で1ポイント加算され、ポイント加盟店のどの店舗でも1ポイント1円で支払いができ

る。1円から利用できるので、ポイントが貯まらないと利用できないという満点方式の不満を解消している。また、獲得ポイント数は音声案内またはレシートで簡単に確認でき、カードを忘れた場合、「どこでもポイント」の発行もできる。

高齢者支援サービスとして、75歳以上の人は商店街コミュニティーセンターの端末にタッチすると毎日1ポイントの健康ポイントがサービスで付与され、1日50人から70人が利用している。

お客様は、保有ポイントを災害支援等の寄付や福島復興支援金に利用することができる。いつも行く商店街でのポイントなら、気軽に寄付できる。さらに、マイバッグ持参でレジ袋不要なお客様には、エコポイントの付与もある。

伊藤理事長とBRECA

・加盟店の販促活動をサポート

お客様が加盟店で1ポイント利用すると、10％上乗せの1.1円が事務局から支払われる。加盟店にとってメリットがあるため、「端数は、ポイントカードでお支払いになりますか」とカウンタートークを強化し、回収を推進している。そのため、東京ディズニーランドなどのノベルティグッズとポイント交換ができる仕組みはあるものの、加盟店のポイント回収率は95％以上と、高い数値を示している。

ITによる顧客管理機能があるため、加盟店の顧客管理やダイレクトメール発送などの販売促進にも利用できる。

また、事前に登録しておけばポイントの設定が簡単にできるので、加盟店ごとにポイント3倍、ポイント5倍など、ポイント倍付けセールを実施することができる。各加盟店の売出しやオリジナルの企画に合わせた販売促進活動が可能となっている。この○倍サービスの効果は大きい。

さらに、顧客の誕生日に、ポイントカードを読み込むと音楽が鳴る機能があるので、誕生日を祝うトークをする、次回来店時に使える割引券

を渡すなど、各加盟店独自の販売促進につなげることもできる。加盟店の創意工夫が可能なシステムといえる。

　発行と回収のポイントは事務局が管理しており、加盟店側としては事務的作業の手間が省ける。また、ポイント端末機の修理などのトラブルにも対応している。

⑤成功の秘訣

　理事長のリーダーシップの先見性や独自性とともに、ポイント管理やトラブル対応における事務局の存在が大きい。

　回収ポイントの10％上乗せと、加盟店ごとに独自企画の設定が可能なシステムが、ブレーメン通り商店街のポイント事業における最大の特徴である。そのため、ポイント回収率は95％以上となり、商店街で付与したポイントが商店街の中で効果的に利用される好循環が生まれ、ナショナルチェーンにおいてもポイント事業に加盟するところが多い。

3 診断士が診た、成功のポイントと今後の課題

(1) 成功のポイント

①ポイントカードの魅力向上

　ポイントカードに「見守り機能」を持たせることは、ポイントカードの利用状況を通した住民の安否確認につながり、日々の生活の安全に貢献している。また、「震災復興への寄付」、「環境対応へのポイント付与」といった、地域貢献活動への参加を促している。

②加盟店間の不公平感の減少

　カード事業の収益は、販売促進費として商店街全体への来街者数を増やすイベントに使用している。全体の来街者数が増えれば、各加盟店に波及し、収益を還元したことになる。

③事務局の運営能力

　ポイントカード発行や商品交換、トラブルの対処を事務局が行うことで、各加盟店の負担を減らすことができる。事務局運営費は、カード事業の収益の一部を充てることで対応し、事務局の運営能力の向上を図っている。

(2) 今後の課題

商店街ポイントカードのさらなる発展のためには、以下の課題がある。

①加盟店数増加によるスケールメリットの拡大

ポイント事業の加盟店舗数は減少傾向にあるが、商店街共通ポイントの魅力を高めるには加盟店舗数は重要である。烏山駅前通り商店街が行っているように、近隣の商店または商店街との事業の統合などを行い、事業のスケールメリットを活かすことが重要である。

②加盟店の独自対応が可能なポイントシステムの導入

商店街共通ポイントのメリットを加盟店に認識してもらい、ブレーメン通り商店街が行っているような、各店の売出しやオリジナル企画に合わせたポイントの設定など、加盟店独自の対応ができるシステムとする。

③高齢化社会に向けた役割

商店街の高齢化社会に果たす役割は、ますます重要になっている。高齢者の見守りポイントの付与など、ポイントカードの仕組みを介して、商店街が高齢者の集う場、高齢者の安全・安心を守る場としての役割を果たすことができる。

(3) ポイントカードの将来性

現在、総務省はマイナンバーカードを利活用した商店街との連携を模索している。

特に、自治体ポイントとの連携は、今後も着目すべき点と考える。ボランティアポイントや健康ポイントなど自治体の付与するポイントを、商店街ポイントとして利用できるようにするというものである。

烏山方式では、高齢者の見守りのため65歳以上の人にICカードを配付し、加盟店や信金を訪れると商品を購入しなくてもポイントが貯まる仕組みとしており、ポイント付与が一定期間ないと安否確認を実施し、商店街の公共的な役割を強化している。

顧客、商店街、自治体の3者にとってメリットがあり、自治体ポイントが追加されればさらにメリットが増える。

一店逸品

仲間と磨き上げる、個店の唯一価値

板橋 春太郎

1 このテーマ・取組みを取り上げる理由

　今日において、地域で商店街が生き残るためには、その加盟店である各店が強くなり、生き残り続けるだけの売上を継続して獲得する力をつけなければならない。そのためには、既存顧客へ自店の魅力を発信するとともに、新たな顧客を集め、自店のファンとして増やし続ける必要がある。

　来店者を顧客としてひきつけるためには、店舗の魅力を生み出す店主の接客力と、その前提となる商品の質の良さが不可欠である。

　一店逸品事業（一店逸品）は、各々の店主が、自ら鍛え上げた唯一的な価値のある商品を、今の顧客ニーズに合わせて、改めて整え直し、その売り方とともに、形にして顧客に提供する手法である。

　また、一店逸品は、自店のみ、既存の売り方のみで設定するものではない。今の顧客が何を求めているかを感じ取り、それを今の想定顧客に合わせた形でカスタマイズする。そして、それが「売れる」商品であるかどうかを店主同士が検証し合うことを通じ、地域と顧客から必要とされる商い手法とは何かを再確認して実践する運動である。

(1) 自店の「売り」を仲間の目で検証し合う

　一店逸品の特徴として、自店の商品を他店の店主に見せ、互いに検証し合うというプロセスがある。

　自店がとても良質な商品を取り扱っていたり、際立った特徴があったりしたとしても、それを十分に顧客に発信できるとは限らない。自らが魅力と感じる部分について、今の商品提供の仕方では、顧客の満足する提供価値に届いていない可能性がある。

そこで、購入者から見て伝わりやすいかどうか、価値があるかどうかについて、その店主や店舗との関係が深い、近隣店主の目からチェックすることで、メニューを完成させることができる。

(2) 今の顧客に合わせて商品をカスタマイズする

かつて話題となり、よく対比されるのが、「一店一品」である。「一店一品」は、既存の商品を中心に、自店の売りとなる商品を顧客に示すことが目的であった。

しかし、「一店逸品」は、今の顧客が何を求めているか、どのような提供方法が求められているかについて、自店の商品と提供方法を再構築するプロセスが不可欠である。

2 商店街の具体的取組み

(1) あらかわ逸品の会（荒川区内の商店街有志）
①商店街をめぐる状況

東京都荒川区で一店逸品を実施してきた団体を紹介する。この地域の一店逸品事業は、荒川区内の商店街有志が平成27年3月より、荒川区と荒川区商店街連合会の協力を得て、「お店でお勧めしたい商品」を開発するために、毎月勉強会を開催して実現してきたものである。

「あの店に行くと楽しい、美味しい」と言ってもらえるような商品やサービスを研究・開発することを、「あらかわ逸品の会」の目的として活動をしている。

商店街の概要
【商店街名称】あらかわ逸品の会
【所在地域】東京都荒川区内（荒川区商店街連合会に加盟する商店街）
【商店街属性】多くの商店街が近隣型
【商店街加盟店数】平成28年逸品事業で12店が実施
【特徴】荒川区42商店街のうちの有志が参加

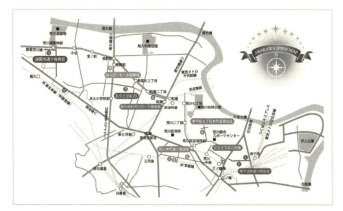

平成28年あらかわ逸品マップ

②取組みのきっかけ・流れ

　荒川区では、区内の商店街連合会が各商店街と連携して、商店街の活性化に資する事業を長年にわたって行ってきた。

　近年、商店街のイベント活動は、コミュニティ機能としては重要であるものの、日々の個店の売上向上に結び付きにくいのが実情であった。その状況を踏まえ、個店を鍛えていくイベントを開催する中で、商店街の中で光る店をつくっていこうという形になった。

　これまでさまざまな個店向けの事業を展開してきたが、店主の間から、日々変化する顧客動向に対応し、早期に顧客獲得に結び付けられる事業を展開しなければならないとの意見が多く聞こえた。そのため、一店逸品を導入し、店にとっての新製品・新サービスを開発することで、固定客の囲い込みと新規顧客の開拓に寄与したいと考えたのである。

　あらかわ逸品の会の参加者は、荒川区商店街連合会に加盟する商店街より募っている。実際に活動を主に行っているのは、区の商店街連合会の青年部のメンバーである。メンバーは、毎年、随時募集している。

　本会における逸品の基本は、「お店のこだわり」と「お客様がよろこぶ」ことであると考え、そのモットーを自店の逸品開発・発掘に活かすために、荒川区独自で、逸品研究会を発足させた。

　毎月、メンバー全員で議論することで、自店の経営への問題解決力と

> ●あらかわ逸品の会 開催概要
> ・毎月、第2水曜日の午後8時から約2時間開催
> ・会費は、月3,000円(チラシ作成費など)
> ・参加資格者は、荒川区商店街連合会に所属する商店街に加盟する個店
> ・平成28年度は、5月より開催

創造力を磨き上げ続けている。

その中で、各店が自慢の逸品を生み出し、例年、3月の産業展でお披露目とフェアーを開催している。

③取組みの担い手と仲間たちの動き

本事業の担い手となったのは、荒川区商店街連合会において、これまでの商業事業を第一線で実施してきた、青年部層の店主たちである。彼らは、これまで区内における、「まちゼミ」実施などにおいても、区内商店街の店主の悩みを聞き、区内で意欲ある店主の仲間が徐々に、集まってきた。

平成28年あらかわ逸品カタログ

これまでの商業事業の実施経験から、10名程度の熟練した商業経験を持つ店主がチームに存在する。それらの店主が、自店のみではなく、区内地域全体の商業へ貢献する姿勢を持ち、他店へのアドバイスを行っている。

毎月1回の逸品の情報交換の際は、商品実演の機会もある。互いの商品を直接体験することで、店主の普段からのこだわりがわかり、その商品を活かしていくアドバイスもしやすくなる。

④取組みの成果

毎年1回開催される荒川商業祭において、店主が自店の商品を新たに販売提供する機会を生むことができた。

一店逸品の効果は、チラシや商業祭で商品に魅力を感じた顧客が各店舗に足を運び、そのお店自体のこだわりと、関連する面白味のある商品

や接客を体験する機会が生まれることにある。

平成28年の一店逸品において、「ヨーグルトのお酒」を販売した酒屋では、荒川商業祭での販売分は完売状況になり、その後もこの商品をきっかけに店舗を訪れる顧客が増えた。販売から約1年経っても、同商品を求める顧客が来ている。

また、この酒店では、今回の経験をきっかけに、商品だけではなく、商品の魅力を伝える接客力が必要であることを再認識し、いかに商品の魅力を説明するか、逸品づくりの中で、引き続き鍛錬を続けている。

好評を博したヨーグルトのお酒

このような顧客は、この店舗から、同じようなユニークな商品を探す傾向にある。そのような顧客の来店に備えることで、普段の店頭のディスプレイにも工夫を凝らすようになってきた。その結果、普段の来街者からも、「魅力的なディスプレイを展開する店舗」とみられ、通常時の来店者向上にもつながると考えている。

また、一店逸品では、普段のサービスから派生した、新商品の提供を行うことができる。

荒川なかまち通り商店会の「和ドレス」の専門店が、ドレスにも活用している着物や帯を活かして、「和ごころバック」という商品を制作している。

この店で通常取り扱う商品はウェディングドレスであり、一生にほぼ1回しか顧客との接点がないという商品特性がある。そのため、日常からの顧客へのアプローチが難しいが、「和ごころバック」によって、婚礼のタイミングに限らず、一般顧客に向けた商品でのアプローチが実現される。その結果、日常からお店への注目を向けることが可能となり、結果として、ウェディングドレスの付加価値の高さが多くの方に発信される。

⑥ ワンコインで『和』にスリップ

和ごころバッグ（小）　500円
着物や帯をリメイクしたオリジナル和柄バッグ。手づくりで丁寧な仕上げが自慢の逸品。ワンコインのお手頃価格で和の輝きをお楽しみください。

荒川仲町通り商店街

ウエディングドレス エンジェルキッス
住所：荒川区荒川3-47-11
電話番号：3805-5328
営業時間：10:00～19:00
定休日：水曜日
ウェブサイト

店主の万年克介と厚子

平成28年あらかわ逸品に出品された、和ドレスを活かしたバック

2　活性化、販売促進

(2) 白金商店会（プラチナ女選）
①商店街をめぐる状況

白金商店会は、東京メトロ南武線・白金高輪駅から徒歩4分のエリアに立地する、近隣型商店街である。

「白金」という地名からは、高級な店舗が並ぶブランド街が想像されることが多いが、この商店街を歩くと、そのような街区だけではないことがわかる。商店街の奥には、かつてガス燈の製造会社が存在し、その従業員が日々の生活をこの商店街で賄っていた。そのため、八百屋、魚屋、定食屋、モツ煮店、鶏肉屋、電気店などが軒を連ねる。

東京都港区では、今日、唯一生鮮三品が揃う商店街として、その下町らしい風情も人気であり、そこに重なるように、付加価値の高いイメージのフレンチ、バール、イタリアン、スペインバルなどが立ち並ぶ、新

商店街の概要

【商店街名称】白金商店会
【所在地域】東京都港区白金1～3丁目周辺
【商店街属性】近隣型
【商店街加盟店数】62店
【特徴】港区で唯一生鮮三品が揃う。事業の担い手は30代店主が中心

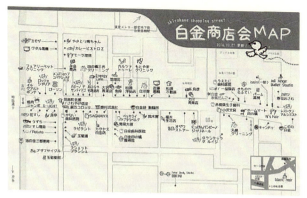

白金商店会マップ

旧の二面性を感じられる街区になっている。

②取組みのきっかけ・流れ

　白金商店会では、これまで、自主的な意欲ある店主同士で、「着付け＆ヘアセットメニュー」といったような、2店の強みを活かしたコラボメニューを創作するなど、「店主同士」の関係からの売り方を展開していた。

　この地域の一店逸品は、このような地域店舗同士のつながりが、新たなメニューを生むことに気づいた若手店主が取り組んだ活動がもとになっている。

　平成27年度、前述したコラボメニューを制作した美容院の2代目店主が、地域に新規開店したカフェ＆バーダイニングの店主とともに、「新規店舗が地域から必要とされるために、何かできることはないだろうか」と考えたことがきっかけであった。

　白金地域においては、最近、「白金」という地名から来るイメージで、斬新なデザインやメニューの店舗がオープンすることが増えている。しかし、店舗経営における地代の負担は大きく、地域に根ざした顧客誘引を実現できない店舗は、1年もしないうちに閉店してしまうという状況も起きている。

　今回のカフェ＆バーダイニングの店主が、偶然、来店客として美容院

の2代目店主と出会い、相談を持ちかけたことが、活動のきっかけである。そして、美容院の2代目店主が、同様の想いを持つ、最近2年以内に商店街に店を構えることになった新規店舗（バレエ教室、ペットクリニック、ベーカリー）に一店一店呼びかけた。「新規店舗が地域から必要とされるために、地域の人に価値や話題を提供し、多くの人に店舗とこの街を知ってもらいたい」との想いで仲間を集めていったのである。

③取組みの担い手と仲間たちの動き

この活動の担い手は、商店街の美容院の2代目店主と、その近隣店舗のカフェ＆バーダイニングの店主であった。

美容院の2代目店主は、現在の白金の店舗において、10年を超えるカット経験を持ち、その中で接客対応力を養うとともに、地域商店街を見続けてきた。一方、カフェ＆バーダイニングの店主は、白金地域で約2年前に開店したが、どの商店街とも接していない立地であり、これまでは、自店独自で販売促進を行っていたが、共同発信を行う機会がなかった。この2店主が出会い、地域の店舗を巻き込んでいったことで、この活動が展開された。

活動を進めるにあたり、この一店逸品にブランド名を付けた。それが、小冊子のタイトルにもなっている「プラチナ女選」であった。

プラチナ女選という名前には、主に白金商店会を利用する女性を対象

小冊子「プラチナ女選」

に、仕事や家事などの忙しさから解放される「癒し」を商店同士で提供したいという想いを込めている。女性の目線から良い商品・サービスを考え、紹介し合う店主のグループと位置付けた。

このコンセプトをもとに、何でも言い合える仲間になろうと、同年代を中心とした店主を集めて活動は進み、その打ち合わせの多くは、カフェ&バーダイニングの店舗内で夜9時以降から行われた。

何を各店のにぎわいの軸とするか、どのような商品が各店の魅力を引き出すのか、互いの店の面白い部分は何かなど、仲間同士で語り合い、その流れから商品のコンセプトを表現していった。

このカフェ&バーダイニングの店主が、たまたま仲間となる店主の美容院を訪れ、地域について、互いの店について語り合ったことが、つながりの始まりであった。また、仲間の1人であるペットクリニックの店主も、この美容院の来店客であった。

また、その美容院と同じビルに所在し、かねてから共同広告を行っていたバレエ教室の講師も同世代であり、話題が合った。そして、活動実施時に、商店街にオープンしたばかりのドイツパン専門店には、各々の店主がよく買い物に行く機会があった。

このように、自然と互いの商品・サービスを消費するなどのつながりがあった仲間同士だったからこそ、活動がスムーズに進んだといえる。

④取組みの成果

活動を通じ、商店街の若手店主同士で、「ともに自主的な販売促進ができる」という仲間意識が生まれた。また、小冊子を見た商店街の他の若手店主からは、次は自分たちも自店の商品の魅力を発信したいという声が出てきた。その結果、商店街全体で、店舗と商品を紹介し合う冊子の制作が実現された。また、新たに活動を担っていく店主が、5名程度商店街で誕生した。

若手・新規店主の座談会もはじめて開催され、それらをきっかけに、母の日のイベント「青空白金グルメまつり」を若手店主たちが開催していくという流れが生まれた。

はじめは2店の店主が自店のまわりで行っていた活動が、やがて多くの仲間を呼び込む形に進化していったのである。

3 診断士が診た、成功のポイントと今後の課題

(1) 成功のポイント

一店逸品は、今の顧客が求めるものを考え、顧客が買いたくなる形にして提供する、新商品開発戦略である。

新商品の開発は、店主にとっては心理的ハードルが高い。しかし、今回の2つの事例のように、一店逸品の取組みにより、店主が仲間同士で語り合いながら、まわりの人が感じるニーズを受けとめることで、顧客目線に近い商品開発が可能になる。自らとともに、互いの店と店主を鍛えることができる、日々進化が期待できる取組みである。

一店逸品を成功させるためには、今後も地域を担い合う店主同士の切磋琢磨が不可欠である。

(2) 今後の課題

一店逸品では、地域店主とのつながりを通して、特定の店主だけではなく、徐々に新たな店主を取り込んでいく雰囲気が重要である。

既存の店主だけで進めていると、状況によって、新たな商品提供に逡巡してしまい、活動が続かなくなってしまうことがある。そのような雰囲気を補うためには、新規店舗の加盟が不可欠である。

最近では、商店街エリアから少し外れたところに、元気のある店ができることも多い。このような店舗も、エリアの仲間として、一店逸品のネットワークに入りやすくしていく努力が重要である。

新たな店舗がスムーズに集客を実現するためには、共同販促が効果的である。こうしたメリットがさまざまな形で実現されれば、新たな店舗が商店街組織へ加盟していくメリットが生まれてくると考えている。

IT

SNS活用による商店街活性化

富田 良治

1 このテーマ・取組みを取り上げる理由

これまで、商店街からの情報発信は新聞折込みなどの紙媒体が主であったが、情報化社会の進展の中でWeb媒体による情報発信の重要性が高まり、ホームページの導入が進んだ。さらには、スマートフォンの普及により、「いつでもどこでも」情報にアクセスできる環境が整い、SNS活用の重要性が高まっている。

(1) 商店街におけるSNS活用の有効性

SNSは、ソーシャルネットワーキングサービス（Social Networking Service）の略で、Web上で人と人とのつながり（社会的ネットワーク）を実現するWebサービスの総称である。SNSは基本的に無料で利用できるため商店街に導入しやすく、また、商店街の利用者と直接やりとりできるため、商店街への愛着の醸成につなげる効果が期待できる。

従来型メディアである新聞折込チラシ・ホームページ・ブログと比較して、SNSには情報のリアルタイム性や拡散性が高く、コストが低いという特徴がある（図表1）。これらの特徴は、商店街のイベントなどを周知するのに向いている。SNSを有効に活用することで、低コストでイベントの集客を行うことが可能となり、イベント集客に使えるコストが限られている商店街にとって、SNSの活用は有効といえよう。

(2) 代表的なSNSとその特性

日本国内で利用率の高い代表的なSNSとして、Facebook、Twitter、LINEがあげられる（図表2）。2016年末時点で日本国内のSNS利用者数は6,872万人（ICT総研調査）にのぼる。

図表1　各メディアの特徴

	情報の寿命	検索されやすさ	リアルタイム性	拡散性	熟読されやすさ	配信コスト
新聞折込チラシ	◎	×	×	△	◎	×
ホームページ	◎	◎	△	△	◎	△
ブログ	○	○	◎	○	○	○
SNS	×	×	◎	◎	△	◎

図表2　代表的なSNSと利用率

SNS	利用率	特　徴
Facebook	35.4%	実名利用前提の世界最大のSNSで、幅広い年代で利用されている。
Twitter	30.0%	140文字以内の短い文章で情報を共有する。10〜20代の利用者が多い。
LINE	37.5%	日本国内で最も利用者が多い。特に、20代以下の利用者が多い。

出典：利用率のみ総務省「平成27年版情報通信白書」から引用

　図表3に各SNSの特性をまとめた。Twitterは利用者の年齢層が低く、拡散性が高い。Facebookは利用者の年齢層がやや高く、拡散性がやや高い。LINEは利用者の年齢層が低く、拡散性も低い。ターゲットや目的に合わせて、最適なSNSを活用することが重要となっている。

図表3　各SNSの特性

2 商店街の具体的取組み（仙川商店街）

(1) 商店街をめぐる状況

SNS を活用している商店街として、「仙川商店街」を取り上げる。仙川商店街は、東京都調布市にある商店街で、京王線・仙川駅の北から南側に広がっている。

商店街の近隣にはマンションが立ち並び、京王線仙川駅の乗降者数は年々増加している（平成 22 年：70,943 人→平成 27 年：77,261 人）。商店街の南側には桐朋学園が接しており、商店街は学生の通学路ともなっている（商店街の愛称「ハーモニータウン仙川」は、桐朋学園音楽部門に由来している）。商店街の中には、クイーンズ伊勢丹、西友、地域スーパーなどの大規模店も存在する。

これらにより、商店街の人通りは多く、にぎわいもあるように見えるが、商店街の個店で買い物をするお客様が少ないとの悩みを持っている。

(2) 取組みのきっかけ・流れ

商店街活性化のため、約 15 年前に商店街のホームページを開設した。合わせてブログも開設し、Twitter、Facebook の活用も始めた。商店街では年間を通じてさまざまなイベントを実施しており、その告知や内容の配信に、SNS を活用している。

例えば、「4/2 アンジェで待ってるよ〜」とイベント告知を配信したり、「まち活フェスタにハーモニー君が参加しました♪」とイベントの

商店街の概要

【商店街名称】仙川商店街協同組合（愛称「ハーモニータウン仙川」、マスコットは「ハーモニー君」）
【所在地域】東京都調布市仙川町 1 丁目周辺
【商店街属性】近隣型
【商店街加盟店数】約 200 店
【特徴】京王線仙川駅の北から南側に広がる商店街

2　活性化、販売促進

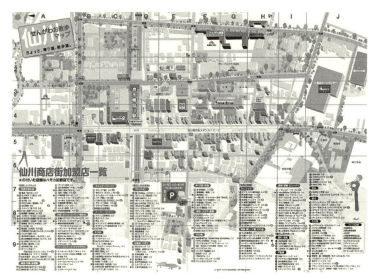

仙川商店街マップ

様子を当商店街のイメージキャラクター「ハーモニー君」の写真付きで配信したりすることで、商店街の利用者や近隣商店街のアカウントからリツイートや「いいね！」が行われて、そこから情報の拡散につながっている。単純な文章だけの投稿よりは、写真付きの投稿の方がリツイートや「いいね！」につながりやすい。

当商店街における各メディアの活用方法を以降に紹介する。

①ホームページ

商店街マップ、加盟店情報など、永続的な情報を掲載している。店舗ごとのホームページを作成できる機能があり、現在は加盟店のうち100店舗ほどが店舗ホームページを開設している。

店舗ホームページでは、店舗写真に加えて店舗情報・地図を掲載することができ、店舗のPRや集客に活用できる。トップページ右下には、加盟店情報をスライドショー形式で表示するウィジェット（組込部品）が配置されており、ホームページを訪れるたびに異なる加盟店情報が表示され、加盟店のPRに有効となっている。

仙川商店街のホームページ

さらには、トップページにブログ、Twitterのウィジェットと Facebook ページのバナーを配置して、各メディアと効果的に連携している。

②ブログ：仙川商店街より

【おらほのブログ】

仙川商店街のイメージキャラクター「ハーモニー君」が発信するブログである。各種イベント参加の情報が多いが、仙川商店街のイベントのタイムリーな情報や仙川の季節情報を配信している。

月に2〜3回ほどの頻度でブログ記事を投稿しており、ブログの最新記事はホームページトップの

ブログの発信者ハーモニー君

ブログウィジェットに表示されるようになっている。記事には多数の写真を掲載して、より読者の目にとまりやすいように工夫している。

第2章 活性化、販売促進　　105

③ Twitter

　主に商店街のイベント情報を配信している。Twitter のリアルタイム性を重視し、イベント開催期間中には、ほぼ毎日イベント情報を投稿することで、イベントのにぎわいを伝えている。時には、加盟店の求人情報を配信することもある。

④ Facebook ページ

　商店街の Facebook ページとブログが連動する仕組みが構築されており、ブログに投稿した記事がそのまま Facebook ページに反映されるようになっている。

イベント情報を発信する Twitter

　商店街自体の Facebook ページの他に、商店街駐車場の Facebook ページも開設している。商店街駐車場は商店街の夏祭りの会場となっており、夏祭りの開催情報を積極的に投稿している。

⑤新聞折込チラシ

　商店街イベントの告知には、従来型メディアである新聞折込チラシも活用している。高齢者は SNS の利用者が少ないため、幅広い年齢層に情報を届けられるように、複数のメディアを組み合わせて情報発信を行っている。

⑥商店街の放送

　商店街に放送設備があり、商店街を歩く人への呼びかけを行うことができる。開催中のイベント情報は、商店街の放送で周知している。

(3) 取組みの担い手と仲間たちの動き

　取組みのキーマンは、商店街の前副理事長である。前副理事長はもともと IT への知見があったこともあり、商店街のホームページ開設から SNS 活用までの実施を積極的に進めた。その後、ホームページや SNS の運用ノウハウを商店街事務局に引き継ぎ、現在は商店街事務局の女性

「ちょうふどっとこむ」のホームページ

2人が、通常の事務業務の合間に情報発信を行っている。ブログへの投稿や画像加工など、最初は慣れない作業が多かったが、現在はほとんどの更新作業を事務局の中で行えるようになっている。

さらには、IT面のサポートを、「ちょうふどっとこむ」から受けられていることも大きい。「ちょうふどっとこむ」とは、「NPO法人調布市地域情報化コンソーシアム」が運営している地域ポータルサイトで、調布市内のさまざまな情報を配信している。調布市では平成17年に「調布市知識情報化基本計画」をまとめており、その策定にかかわった市民によって、「市民みずからの手による」という地域情報化基本計画の理念を実践するために、当団体は設立された。「ちょうふどっとこむ」では、地域ポータルサイトの運営の他に、調布市内の商店街のホームページ作成支援やIT化支援を無償で行っている。

仙川商店街では、ブログとFacebookを連動させる仕組みの構築や、ホームページ更新で困った時のアドバイスなどで、「ちょうふどっとこむ」の支援を受けている。

(4) 取組みの成果

平成29年1月現在、仙川商店街のTwitterのフォロワー数は2,343、

Facebookページの「いいね！」数は727となっている。日本国内のTwitter平均フォロワー数は648人（facenavi調査）であることを考えると、2,000人を超えるフォロワー数はかなり多い。

フォロワー数が多ければ多いほど、商店街から発信する情報が多くの人の目にとまることとなる。さらには、Twitter上でフォロワー同士のやりとりが発生しやすくなり、商店街への愛着の醸成につながる。また、近隣の商店街の「ゆるキャラ」とTwitter上での交流が発生することもあり、商店街の認知度向上につながっている。

SNSの活用においては、特にお金をかけた広告宣伝は行っていないが、頻繁に情報更新を行うことがFacebookページの「いいね！」やTwitterのフォロワーを獲得することとなり、それが発信した情報を拡散させる。情報通信白書における「SNSの利用者の情報拡散経験」の調査結果によると、調査対象であるSNS利用者1,178人のうち、すべての年代において5割以上が何らかの情報拡散を経験しており（図表4）、SNSでの情報発信は情報拡散に有効といえる。

当商店街で開催するイベントには、近隣住民以外の参加者が増加している。これがSNSの活用効果によるものなのかどうかは検証できていないが、来街者から「Facebookを見た」との反応があることから、SNSの活用は商店街の集客に一定以上の効果があったものと考えられる。

図表4　SNSの利用者の情報拡散経験

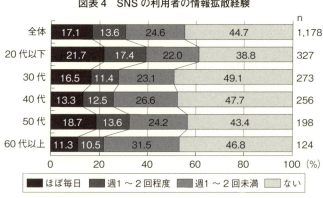

出典：総務省「平成27年版情報通信白書」

3 | 診断士が診た、成功のポイントと今後の課題

(1) 成功のポイント

　前副理事長や「ちょうふどっとこむ」など、ITに詳しい人のサポートがあったことが、成功のポイントである。商店街でSNS活用にチャレンジしようとした場合に、「SNSが何なのかわからない」、「何から始めればいいのかわからない」などの理由により、尻込みして最初の一歩を踏み出せない場合が多い。商店街自身ですべてをこなそうとするのではなく、積極的に外部のIT専門家の支援を仰ぐことが重要である。

　また、ホームページやSNSを有効に活用するには、頻繁な情報更新が必要となるが、その更新作業を「がんばりすぎないこと」も成功のポイントである。仙川商店街では、毎日更新するなどのノルマを課さずに、手の空いた時間に更新作業を行っている。SNSでの投稿に反応があると、それが情報発信のモチベーションとなり、次なる投稿につながっている。楽しみながら情報発信を行うことが重要なのである。

(2) 今後の課題

　各店舗が独自に情報発信していく環境をつくり上げることが、仙川商店街の今後の課題である。商店街ホームページに店舗ごとのホームページを作成できる仕組みがあるものの、積極的に情報を更新しているのは一部の店舗に限られており、有効に活用されているとはいいにくい。また、現状ではSNSを活用している店舗も少ない。商店街の各店舗が積極的に情報発信していくことが、商店街全体の活性化につながっていく。

インバウンド
商店街をあげて外国人観光客をもてなす

山中 令士／大場 敬子

1 このテーマ・取組みを取り上げる理由

　インバウンド（Inbound）という言葉は毎日のように新聞、テレビで取り上げられていることから、すっかり定着した感がある。ただ、訪日する外国人観光客の大半は、いまだに東京、京都、大阪といった大都会や、箱根、金沢、高山などの有名観光地を訪問するだけで、商店街で食べ歩いたり、ぶらぶらと買い物をしたりする人はあまり見かけない。

　ただ、2度目、3度目の来日観光客の行動パターンには変化がみられ、日本らしい場所や日本的な街並みを好んで訪れるようになってきている。

　そうした動きを受けて、商店街でも外国人観光客の来街数が徐々に増えてきている。そこで、商店街に日本的な食事、買い物、遊びがいっぱい詰まっていることをもっとアピールし、外国人観光客をもてなす活動を通じて、こうした魅力を発信することができれば、より多くの来街者を引き寄せることが可能となると思われる。

　商店街でインバウンド施策に取り組んでいる例はまだ少ないが、全国では積極的な取組みで外国人観光客を引き寄せている商店街もある。ここでは、先進的な取組みを行っている商店街を2つ紹介するので、外国人観光客をもてなす心を参考にしていただきたい。

(1) 2,400万人を超す外国人観光客の来訪

　インバウンドには、「入ってくる」、「内向きの」という意味があり、外国人観光客が日本に入ってくることを指す。特に、外国人観光客を日本国内に誘致することを指して使うことが多い。

　一方、日本人が海外に向かって出国するアウトバウンド（Outbound）

は昭和46年以降、継続してインバウンドを上回っていたが、日本政府観光局（JNTO）によれば、平成27年にはインバウンド数がアウトバウンド数を逆転し、続く平成28年の訪日外国人数は、前年数字を上回る過去最高の2,400万人を記録した。

インバウンドを国別でみると、中国からが全体の25％以上を占めており、次いで韓国、台湾、香港といった東アジアの国・地域が多く、これらで全体の4分の3を占めている。

(2) 個人消費の下支えが期待されるインバウンド

日本経済は、高齢化の進行と人口の減少が相まって、個人消費の低迷が続いている。平成27年11月1日現在の日本の人口の概算値は1億2,689万人と、前年同月比▲19万人、▲0.15％であり、この状況で推移すれば、2040年には1億727万人、2060年には8,674万人まで減少すると予想されている。

日本のGDP500兆円の6割を占める個人消費が、人口減、高齢化の進行によって減少、低迷することが予想される中で、これを下支えする力として外国人観光客によるインバウンド消費に期待される。平成27年の年間訪日外国人観光客の消費額は3兆4,771億円と、個人消費の1％以上の金額となっている。為替水準による変動はあっても、平成28年も引き続いて増加傾向となっている。

(3) 地域活性化に貢献するインバウンド

観光庁「訪日外国人個人消費動向調査結果および分析」から訪日外国人観光客の1人当たり費目別支出をみると、買い物代が一番多く、宿泊料金、飲食費と続いている。

買い物場所でみると、従来、空港免税店や百貨店が上位であったが、コンビニエンス・ストアやドラッグストアに代わっている。また、家電量販店での「爆買い」は減少し、化粧品や医薬品へとシフトしており、観光地の土産店やファッション専門店での買い物も増えている。

特に、2度目以降の訪日の場合、日本文化への関心も高くなっており、日本食や日本酒を楽しむこと、和風旅館に宿泊すること、温泉に入

ること、日本の伝統文化を体験することなど、多様な行動が増えてきている。

(4) 商店街でのインバウンド施策

これまで「爆買い」には縁のなかった商店街にも、多様化する外国人観光客の来訪が徐々に目立つようになり、良質で手ごろな価格の日本製品を購入し、日本酒と日本食を楽しむ外国人観光客が増えてきたことから、次のようなインバウンド施策に取り組む動きがみられるようになっている。

- もてなす心を持って外国人観光客を歓迎する意思を、フラッグやポスターにより商店街や各店舗に掲示する取組み
- 買い物、飲食、サービスの場面での言葉の不自由さを解消するために、案内やメニューを多言語で表記する取組み
- インターネットやSNSを用いて、外国人観光客の求める情報を提供する取組み
- 各店舗において、真心のサービスを提供する取組み
- Tax Free（消費税免税）のサービスで買い物客に対応する取組み

2 商店街の具体的取組み

(1) しもきた商店街
①商店街をめぐる状況

日本ではじめて、商店街の各店舗で免税サービスを行い、外国人観光客をもてなす取組みを行っている、しもきた商店街を紹介する。

下北沢駅北口駅前に展開するしもきた商店街は、カフェや古着屋、雑貨屋、美容室など、おしゃれな店が多いエリアで、若者でにぎわっている。平成26年には下北沢がアメリカのファッション雑誌『VOGUE』により「世界のクールな街15選」に選ばれるな

外国人観光客でにぎわうしもきた商店街

商店街の概要

【商店街名称】しもきた商店街振興組合
【所在地域】小田急線および京王線の下北沢駅北口駅前
【商店街属性】広域型
【商店街加盟店数】約150店
【特徴】活性化を考えるプロジェクトとして実施している路上大学「下北沢大学」や「しもきたキッズハロウィン」をはじめ各種イベントを開催している。

ど、最近は外国人観光客の数も増えてきている。

②取組みのきっかけ・流れ

　商店街では、平成26年にインバウンド対策として、日本語、英語、中国語（繁体字、簡体字）、韓国語の「かき氷マップ」を作成し好評を得ている。

　この作成にあたっては、実際に街にやってきた外国人観光客に日本に来て知りたい情報をアンケートした結果、①無料Wi-Fiの使える場所、②公共トイレの場所、③自国のカードが使えるATMの場所、だった。この情報をマップに落とし込んだだけではなく、日本の買い物マナーなどもマップに記載し、外国人観光客をもてなす取組みを行っていた。

　その後、商店街の古着屋、雑貨屋、茶苑などに買い物目的で来街する外国人観光客が増加していることから、商店街でも免税サービスを導入して、外国人観光客の買い物ニーズに応えようという声が各店舗から高まった。

　それを受けて、商店街の理事会での勉強会などを通じて免税サービスの導入に向けた研究と準備を始め、平成28年12月には、商店

しもきた商店街マップ

第2章　活性化、販売促進

街の20店で、その場で買い物客に対して消費税の免税処理を完結する(一般型)免税サービスを、全国ではじめて導入した。

これまでの商店街における免税サービスは、商店街内にある百貨店などの一括免税カウンターに一括して免税処理を委託する方式で、外国人観光客は各店舗で物品を購入した後、その地域にある一括免税カウンターを訪ねて、まとめて免税手続きを行うことにより、消費税相当の還付を受けることになっていた。

これでは、横展開の商店街の場合、一括免税カウンターの場所を探す手間や時間がかかってしまう。また、一括免税カウンターを設置するコストや委託・運営するランニングコストの負担が大きく、各店舗でも、一括免税カウンターとの間で書類や金銭面での手続きや手数料の負担が大きいといった問題点があった。

一方、しもきた商店街の導入した(一般型)免税サービスでは、各店舗に免税専用端末を設置し、その場で免税での販売を行い、必要書類を作成することで免税手続きが完結できることから、外国人観光客と各店舗の双方にとって手続きが容易であり、各店舗ではランニングコストが抑えられるメリットもある。しかも、今回の商店街での免税専用端末の導入費用は、商店街インバウンド促進支援事業の対象にできたことから初期費用の負担も軽減された。

また、今回の免税サービスの導入に際しては、外国人観光客を心からもてなすためのインバウンド研修を商店街で実施し、SMSを活用した商店街や各店舗での情報発信、多言語対応などについて学び、もてなす心も養った。今後、より多くの外国人観光客の来街があり、商店街の活性化を実現できることが期待される。

③取組みの担い手と仲間たちの動き

商店街への外国人観光客の来訪が目立って増えてきており、そうしたお客様が一度に大量の買い物をしてくれるという変化に気づいた商店街の理事から、インバウンドへの取組みについての関心が盛り上がってきた。

それを受けて、商店街でインバウンド研修を実施したところ、出席した店舗のオーナーや店員からも、自分たちの店舗でも免税サービスを実

施することで、買い物をしてくれる外国人観光客をもてなしたいという声が高まり、積極的に検討する店舗が増えていった。これらの店舗が、その後、活動の担い手となっていく。

こうしてインバウンド施策への動きが盛り上がる中で、理事会のメンバーを中心に、お客様の利便性の高い（一般型）免税サービスを全国に先駆けて導入することが、商店街での買い物にまだ慣れていない外国人観光客に対する最適なサービスであると確信できたことから、今回の取組みとなった。

④**取組みの成果**

しもきた商店街の組合員は約150店で、うち小売業は76店、今回20店が導入したことで、すでに免税サービスを実施済みの大型店舗や全国チェーン店舗を合わせると、商店街全体の半分近くに達し、「免税対応の街しもきた」を世界に大きくアピールできることになった。

実際に免税サービスを導入した店舗からは、外国人観光客向けの売上が増加したとの声があり、外国人観光客からは、店舗にある免税サービスの掲示を見て来店したとの声も多く聞こえている。

また、商店街ではこうした各店舗での外国人観光客の顧客のデータ特性（国籍、年代、金額など）を集約し、分析・活用することで、飲食やサービス業の店舗向けの情報として共有することができることから、商店街全体で外国人観光客の集客などに活用する取組みを進めている。

（2）原宿表参道欅会
①**商店街をめぐる状況**

表参道は明治神宮の参道としての起源と、文化・トレンドの発信基地という側面をあわせ持っている。地域住民は、独特の個性を醸し出すこの街に愛着を持ち、長年住み続ける人が多い。自治の力が強く、昔から積極的にまちづくりに参画する風土があり、商店街と

文化・トレンドの発信基地　東京・表参道

商店街の概要

【商店街名称】商店街振興組合原宿表参道欅会
【所在地域】東京都渋谷区神宮前1・3・4・5・6丁目、港区北青山3丁目の表参道に面する区域と神宮前1・4・6丁目の明治通りに面する区域
【商店街属性】広域型
【商店街加盟店数】約600店
【特徴】JR原宿駅から東京メトロ・表参道駅までの表参道(約1km)と神宮前交差点両側の明治通り沿い(竹下口から京セラビルまで)を所掌。文化・トレンドの発信基地

町内会の関係性も非常に強い。

土地の特性を活かし、8月には明治神宮の奉納祭として、「原宿表参道元氣祭スーパーよさこい」、10月には35年前に日本ではじめてハロウィーンのパレードとして行われた「ハローハロウィーン パンプキンパレード」、冬には原宿表参道欅会の名前の由来にもなっている欅並木を使った「表参道イルミネーション」など、多様なイベントをインバウンドのトレンドを取り込みながら実施している。

②取組みのきっかけ・流れ

原宿表参道欅会がインバウンド施策に取り組んだのは平成22年からであり、インバウンドのブームが到来するよりもかなり前であった。当時、リーマン・ショック後の経済の長期低迷が続く中で、街の活力を取り戻すためには、新たなファンを創り出す来街客増加の取組みが必須であり、街の特長を活かした長期的な活性化策として、外国人観光客の誘致に取り組むこととなった。この取組みに対しては、地域も当初から協力的であった。

取組みの当初は、3ヵ年での活動を計画していた。初年度は受入環境整備に重点を置き、オリジナルの指さし会話シート(店舗の業種に合わせ、美容・アパレル・飲食の3種類)作成や、中国向けに銀聯カード決済端末の導入などに取り組んだが、震災によるインバウンド減少の影響を受け、計画見直しとなった。

インバウンド施策に改めて取り組んだのは、(公財)東京観光財団からエリアプロモーションの話を持ちかけられたことに端を発する。東アジア・東南アジアからの来客が多い春節(旧正月)に合わせ、平成25年にインバウンド向けのエリアキャンペーンを実施して、割引特典やショップ店員との写真撮影などを行った。しかし、パンフレット配付先が確立されておらず、事前告知が不十分だったことから、参加店舗の協力度合いに見合った誘客につなげることができなかった。

そこで、翌年(平成26年)は、多くの店舗が参加しやすい仕組みづくりを念頭に置き、バーゲンセールとスクラッチキャンペーンを実施した。また、インバウンド向けフリーペーパー『Time Out』と提携し、近隣地域のホテルに配付するなどの策を取り、前年の課題を解決し、売上にもつながった。さらに、3回目(平成27年)には、日本滞在時だけでなく、旅行前の海外でのPRを重視し、パンフレットの現地旅行会社での配布や上海旅行博への出展にも取り組むなど、イベントをより多くの人に知ってもらう策を考え、実行に移している。

5回目となる「Tokyo Shopping Week 2017 at Harajuku/Omotesando」は、平成29年1月16日(月)〜2月28日(火)に開催された。隣接する原宿竹下通商店会と共同で取り組み、より広域での実施となった。スクラッチカードの当選券に1,000円券に加えて10,000円券を追加したほか、スクラッチカードがはずれた場合も、はずれカード2枚持参でガチャガチャにチャレンジできる抽選会を実施した。また、フォトスポット設置や忍者のパフォーマンスも行われるなど、多くの外国人観光客を

ガチャガチャ抽選会

フォトスポットでの撮影

楽しませる仕組みが満載であった。

③取組みの担い手と仲間たちの動き

取組みの担い手は、各店舗であり、インバウンド対応に積極的な店舗を中心に、「何をやりたいか」について意見を出して具現化していく、商店街の新進の気質がポイントになっている。また、事業を支える商店街事務局に、インバウンド担当者が設置されていることも大きい。

商店街としてインバウンド対応の必要性にいち早く気づき、キャンペーンの回数を重ね、トライ＆エラーで多くの店舗に参加してもらう仕組みづくりをしていく中で、各店舗のインバウンドに対する理解が進み、事業拡大につながった。

④取組みの成果

最初の年の参加店舗数は60店舗程度であったが、地道な取組みの結果、300店舗を超えるまで拡大した。また、継続して取り組むことにより、店舗側・来訪者側双方の認知が進み、イベントの活性化と来訪者の増加につながっている。

イベントの他にも、外国人観光客向けにWifiの設置やSNSでの情報発信などを行っており、現在、表参道には、訪日者数の多い東アジアだけでなく、欧米からも多くの観光客が訪れている。

3 診断士が診た、成功のポイントと今後の課題

(1) 成功のポイント

今回取り上げた2つの商店街に共通するポイントは、来街者である外国人観光客のニーズに応えるために商店街が一丸となって取り組んでいる点である。

インバウンドにおいては、前述したように多言語化や免税対応などの受入環境整備と、イベントやSNS発信などのプロモーションの2つの側面からのアプローチが考えられるが、いずれも商店街全体での取組みがより効果的であり、商店街の魅力発信につながる。多くの店舗の賛同を得ながら、改善を繰り返していったことが、成功を生んだといえる。

また、商店街として新たなアイデアをどんどん導入することで、常に最新の「もてなし」によって、来街者に商店街を知ってもらい、来ても

らい、楽しんでもらい、再来訪を促す努力を続けていることも、成功のポイントとなっている。

(2) 今後の課題

インバウンドと一言でいっても、外国人観光客の国籍や訪問の目的はさまざまであり、画一的な対応では効果は得られない。

また、外国人観光客の訪日は2020年の東京オリンピックで終わってしまうわけではなく、東南アジア諸国の経済成長とともに、今後、タイ、ベトナム、インドネシア、インドといった人口大国からの訪日がますます増加することが期待される。

外国人観光客の購買行動が、「コト消費」へシフトしているといわれているように、ただ買い物をするだけでなく、日本ならではの特別な体験や雰囲気の体感が求められるようになりつつある。特に、2回目、3回目の訪日観光客は、その行動も要求も多様化していくことが見込まれている。

今後、より一層FIT（個人旅行）化が進み、個性ある商店街へ来訪する外国人観光客も増えてくることが見込まれる中、来街者のニーズに合わせたよりきめ細かな対応が求められる。

商店街のインバウンド対応は始まったばかりであり、先駆的な商店街の成功事例が積み上がっていく中で、まずは自らの商店街の特性に合った情報発信などに取り組んでみようと、皆で話し合うことが成功への道筋となる。

地域資源活用

地域への愛情を推進力に コト消費の空間を提供

遠藤 光司／西岡 邦彦

1 このテーマ・取組みを取り上げる理由

「地域資源」とは、一般的に、地域の特産物としてその地域の強みとなりうる鉱工業品、産地の技術、農林水産物、観光資源などを指す。平成19年6月に施行された中小企業による地域産業資源を活用した事業活動の促進に関する法律により、その概念やその活用を通じた事業活動の意義が広まることとなった。

地域資源を活用した新たな商品・サービスの開発は、人口減少や少子高齢化、商店街・中心市街地の衰退などに悩む地域にとって、「稼ぐ力」や「地域価値」を高めていく有効な手法の1つとして注目されている。

(1) 商店街にとっての地域資源活用の意義

人は、なぜ商店街に行くのだろうか。あの素敵な店に行きたい、あの店のあの商品が買いたい、あの商店街の雰囲気がいい、その地域が好き、地元の店に行きたいなど、いろいろ理由はある。

これを商店街側からみると、人を惹きつける理由となるが、素敵な店づくり、素敵な商品づくり、商店街の雰囲気づくりなどを通じて商店街に来てもらうとともに、その地域ならではのもの、その地域の文化、歴史、自然、人など、「地域に根ざした何か」、「地域だからこそ提供できる何か」を通じて人を惹きつけることは大切だ。

いいかえると、「素敵な商品」は地域を問わず提供できるかもしれないが、「その地域の何か」を得るためには、そこへ足を運ばなければならない。これこそが、商店街にとっての地域資源活用の意義である。

(2) 地域資源を活用する商店街の取組みと効果

　地域資源を活用する商店街の取組みは、①街並み整備、②地域発の商品・サービスのブランド化、③イベントに大別できる。

①街並み整備

　歴史的文化財・構造物などの保存・再生や自然の風景、温泉、郷土出身者などを活用した観光拠点施設の整備に取り組み、主に観光客を呼び込むことで、にぎわいある商店街を目指す活動である。商店街の単独事業としてよりも、行政や観光協会、商工会などとの連携により商店街を含む一定地域での面的な魅力づくりが求められる。

②地域発の商品・サービスのブランド化

　特産品などの地域資源を活用した新たなオリジナル商品・サービスの開発や普及活動を行うことで、商店街の付加価値を高め、集客・売上高の増加を図る活動である。中小企業庁がまとめた「平成27年度商店街実態調査報告書」によると、現在実施しているソフト事業として「地域ブランド（地域資源利用商品）」や「地域ブランド（B級グルメ）」をあげた商店街は、それぞれ4％に満たない現状となっている。

③イベント

　地域の伝統行事や祭りの実施主体を商店街が担うケースもあれば、商店街が独自に発掘した地域資源を活用してイベントを実施するケースもある。また、前述した街並み整備や地域ブランド商品・サービスと組み合わせたイベントを実施することで、より高い効果を期待できるだろう。

　特に、商店街が独自に実施するイベントでは、地域に存在するモノ、コト、ヒトの中から商店街のにぎわいづくりに寄与する宝を見い出すための柔軟な発想が問われる。ここでは、地域資源を活用したイベントに焦点をあて、その取組内容や成功のポイント、課題などについてみていくこととする。

2 商店街の具体的取組み

(1) 霜降銀座栄会

①商店街をめぐる状況

　地域資源を活用したイベント「ミステリーウォーク　名探偵★浅見光

商店街の概要
【商店街名称】霜降銀座栄会 【所在地域】東京都北区西ヶ原1丁目周辺 【商店街属性】近隣型 【商店街加盟店数】45店 【特徴】多くのイベントを実施するほか、紙媒体に加え、ホームページ、Facebook、Twitter、Instagram での広報を行っている http://www.shimofuri-ginza.com/ （ホームページ） https://www.instagram.com/shimofuriginza/ （Instagram）

彦の住む街」を行う霜降銀座栄会（細野幹人会長）は、山手線と南北線の駒込駅から徒歩5分の全長250mの商店街である。駒込駅を降り、バラで有名な旧古河庭園に向かう途中に入口があり、駅の反対側にある六義園も徒歩圏内にある。

「活気と憩いを感じる下町情緒の濃い商店街」をビジョンに掲げる昔ながらの商店街であるが、独自イベント実施、さまざまなSNSでの情報発信など、環境変化に対応し斬新な活動を行うことで活気を生み出している。

霜降銀座栄会では、ここで取り上げる「ミステリーウォーク」以外に、ひな祭り、夏祭り、福引き、ハロウィーン、百円市（年間4回）、朝市（ほぼ毎月）など、多くのイベントを実施している。

商店街運営では、30代の役員など若手を活用するほか、商店街の公式活動を補完する活動として、50代である会長と同世代の飲み会を会員以外の住民も含め毎月開催しており、商店街の課題発見や解決につなげている。また、新聞折込み、ホームページでの情報提供以外に、各種SNS（Twitter, Facebook, Instagram も活用）を通じた情報発信も行っており、さまざまな媒体を通じて幅広い層に商店街の最新情報や魅力を伝えている。

②取組みのきっかけ・流れ

「ミステリーウォーク 名探偵★浅見光彦の住む街」は、作家の内田康彦先生が北区西ヶ原出身で北区親善大使であること、内田先生の「探

左から、「ミステリー手帖」（ミステリーウォーク）、夏祭りちらし、
商店街のキャラクター「しーちゃん」、Instagramでの投稿

偵・浅見光彦シリーズ」で浅見光彦がこのエリアに住むとされていることから、北区広報課が「ミステリーウォーク」を企画したことが始まりである。

　その後、区予算の制約の中、継続したイベントにするために、霜降銀座栄会、染井銀座商店街の2商店街を核とした実行委員会方式で行うこととなり、「ミステリーウォーク　名探偵★浅見光彦の住む街」との名で2002年に開始した。北区主催の2回を含めて2016年で17回を数える、歴史の長い人気イベントとなっている。

　イベント参加者は、配付される冊子のストーリーにある手掛かりを頼りに、商店街やその近隣エリア（王子、西ヶ原、駒込など）をめぐり、探偵のように、現場に赴く中で得られたキーワードをもとに謎解きをし、問題を解決する。

　イベントは、初回は昭和30年代、2回目は江戸時代にタイムスリップなど、毎回テーマを変えながら実施しており、参加者の満足度も高く、毎回参加する人もいる。「坂道に犯人（ホシ）を追う」篇と題し、地域のさまざまな坂道を歩きながらミステリーを解いたり、「kバス」というコミュニティバスを乗り歩いてもらったりした回もある。

③取組みの担い手と仲間たちの動き

　ミステリーウォークの実施にあたっては、ストーリーのコンセプト決定、問題の作成に始まり、解答を導くためのキーワードを地域各所に配置するための協力者との調整、冊子印刷、イベント広報といった一連の作業が必要となる。毎回変わるテーマづくりはとても大変で、「冊子に

過去何回かのミステリーウォークで配られた冊子の中身

のせるストーリーはフィクションだが、訪問する場所は実在の場所」というこだわりでつくっているため、諸々の調整から、毎年準備には数ヵ月をかけている。

この作業は、実行委員会で行う。メンバーは霜降銀座栄会が主体となり、染井銀座商店街の協力のもとで、地域に住む会社員、北区の元職員、デザイン関係者、史学部出身者など多様な人を巻き込んでおり、転勤などで時々入れ替わっている。

また、北区が後援としてかかわり、内田康夫先生と内田康夫財団からも、冊子の監修などで協力を得ている。さらに、前述したキーワードを配置する上での協力者は、商店街の店主、警察署、神社、博物館（渋沢史料館、飛鳥山博物館、紙の博物館）など幅広い。

広報面では、JRから、冊子の作成と駅への備置きなどの点で多いに協力を仰いだ。北区ニュースや地元ケーブルテレビ（J：COM）のほか、ユニークなイベントであることから、NHK、新聞をはじめ、メディアにも多く登場している。

④**取組みの成果**

参加者の正確な数字は不明だが、毎年、冊子（無料）の発行部数は数万部に達し、冊子の問題を解き、解答を提出する人も数千に上るという。これほど多くの人を集める理由としては、次のようなことがあげられる。

・バラの名所である古河庭園に近いことを意識し、ゴールデンウィー

ク直後のバラの見ごろの時期に実施している。
・フリーマーケットと同時開催するなどの工夫をしている（2016年の場合）。
・毎年テーマを変え、飽きがこない工夫をしている。
・毎年同時期に行う定着したイベントとして、地域で支えている。

　評判のイベントゆえ、地元はもちろん、それ以外からも家族連れ、カップルなどが集まる。青森、和歌山といった遠方からの参加者もおり、毎年参加するウォーキングクラブの人もいる。内田康夫ファンクラブの会員は、ミステリーウォーク時に全国から集まり、日頃は会えない仲間とオフ会を行っている。

　ミステリーウォークの問題は、インターネットで検索しても解けないようにしているため、イベント参加者は自然と地域を歩き回ることになる。キーワードは商店街や店舗の中にも置かれ、店主とのコミュニケーションも自然と起きてくる。また、飲食店をはじめとして消費も喚起し、イベント中、行列ができる店もある。

　さらに大きな効果としては、近隣に住んでいる人にも面白いことをやっている商店街と注目されるようになり、縁日、納涼踊り、福引などの他イベントにも足を運んでもらえるようになったほか、新しいマンションをはじめ、この街に移り住む人が現れるようになった、商店街内の空き店舗もすぐ埋まるようになるなどの変化が生じた。

(2) 湯河原駅前通り明店街
①商店街をめぐる状況
　湯河原町は神奈川県南西部に位置し、温泉や波静かな海岸、景観に優れた山々など、自然環境に恵まれた地域である。なかでも、万葉集に歌われた温泉が有名であるが、湯河原町を訪れる観光客は年々減少している。湯河原町の人口は平成7年をピークに減少傾向にあり、老齢人口の割合は神奈川県内の市町村で最も高い。

②取組みのきっかけ・流れ
　湯河原駅前通り明店街は、JR湯河原駅を起点として西方面約400ｍの県道75号線沿いに形成されている。昭和30年に設立され、その後は

商店街の概要

【商店街名称】湯河原駅前通り明店街
【所在地域】神奈川県足柄下郡湯河原町土居1丁目周辺
【商店街属性】地域型
【商店街加盟店数】約40店
【特徴】さまざまなハード事業・ソフト事業を積極的に展開している観光地の駅前商店街

湯河原町の中心エリアとして商業の発展に貢献してきた。

近年は「人と人とが触れ合える商店街」をビジョンに、多様な事業を展開している。ハード事業としては、アーケードの解体と街路灯の新設、防犯カメラやフリーWiFiの導入などを進めてきた。

ソフト事業の核となっているのは、平成24年度から実施している「ぶらん市（ぶらんち）」である。湯河原温泉を訪れる観光客は、マイカーや湯河原駅からのバスで移動してしまうため、駅前の商店街を訪れる頻度が低くなる傾向にあった。そのため、観光客に商店街をもっと利用してもらいたいとの思いから、朝から昼にかけて駅前でぶらぶらと買い物や食事を楽しめるこのイベントをスタートさせた。

「ぶらん市」の日は商店街の一角（約70m）が歩行者天国となり、道路の両脇には、湯河原の名産品や湯河原にゆかりのある手づくり作家の店が軒を並べる。また、会場内の特設ステージでは、地元の子ども会による祭太鼓や中学校吹奏楽部の合奏などが披露される。平成29年2月に、19回目の開催を迎えた。

湯河原の特産品としては、「湯河原みかん」、湯河原産のみかんピールを添加した「みかんあんパン」、湯河原の代表的銘菓である「きび餅」、

●ぶらん市の概要
・開催場所：湯河原駅前通り明店街内（湯河原駅から徒歩3分）
・開催日：2月、5月、8月、11月の第4日曜日
・開催時間：9時〜14時（季節により変動あり）
・出店店舗数：約35店

「かるかん饅頭」、湯河原近海の相模湾から水揚げされた「魚介類の干物」、ご当地グルメ「坦々焼きそば」などが店頭に並ぶ。

また、作家が心を込めてつくった手芸品や陶芸品、木工品などは温かみにあふれ、来場者は作家から直接作品への想いを聞くこともできる。前述した「人と人とが触れ合える商店街」というビジョンを具現化する場ともなっている。

③取組みの担い手と仲間たちの動き

「ぶらん市」の実施にあたっては、湯河原駅前通り明店街の村上会長が地域関係者との調整役を担っているほか、会長自ら、湯河原の特産品や作家を開拓・誘致している。ステージイベントの企画やチラシの作成、会場設営などには、横山企画事業部長をはじめとする30～40代の若手役員4人が積極的に携わっており、その存在が「ぶらん市」継続の推進力となっている。

このほか、ステージイベントを盛り上げる子ども会をはじめ、NPO法人湯河原げんき隊、湯河原商工会、湯河原観光協会といった地域の各種団体との連携体制も構築されている。

NPO法人湯河原げんき隊は、地域資源を発掘し、活力あるまちづくりを推進するための調査研究・商品開発・情報提供等を行う団体である。「ぶらん市」では無料で足湯を提供しており、来場者は気軽に温泉

第19回ぶらん市のチラシ

気分を味わえる。湯河原商工会は、「ぶらん市」の実施に伴う事務処理のサポートや備品の貸出などを行っている。

また、若手役員は「商店街事業を楽しむ」という意識が強く、楽しんでいるからこそ、さまざまなアイデアが出てくる。「ぶらん市」に関することはもちろん、平成25年度にはアニメキャラクター「シャッター街の狸姫AKARI」を考案した。新たな地域資源として活用するべく、平成28年度からは横浜商科大学の学生らとともにグッズの開発などに取り組んでいる。

「シャッター街の狸姫AKARI」

④取組みの成果

平成28年度に「ぶらん市」を訪れた観光客と地元住民は、およそ15,000人（3,500〜4,000人／回）に達する。観光客は温泉街などと駅前商店街を回遊する（お金を落とす）ため、「ぶらん市」は地域の稼ぐ力の向上に貢献している。

また、「ぶらん市」はこれまで商店街をあまり利用していなかった地元住民と、運営スタッフとして活躍する店主などとのFace-to-Faceの関係をつくる場であり、各個店への来店動機の向上にもつながっている。

さらに、「ぶらん市」が地域に浸透することによって、商店街活動への評価が高まっており、新たに商店街の会員となる店舗も増加傾向にある。

3 | 診断士が診た、成功のポイントと今後の課題

(1) 成功のポイント
①事業関係者の地域への愛情

事業の担い手たちの地域への強い愛情が、事業推進の原動力となっている。霜降銀座栄会の加盟店として実行委員会のメンバーとなり、当初から企画に携わっている中村歌子さんの「地域の方に地域を知り、楽し

んでほしい。地域の大事なものは残ってほしい」という言葉に、地域への愛情を感じた。このような想いが、生活者のニーズにマッチする地域資源の掘り起こしや、それを活用した楽しいイベントの企画につながるのだろう。

②運営体制

地域資源を活用する場合に限らないが、商店街事業には継続性の確保が不可欠である。そのためには、地域の多くのプレーヤーを巻き込みながら、運営体制を強化させることが重要となる。リーダーなどの地域への愛情に呼応し、霜降銀座栄会では市、警察、JR、地域メディアなど、湯河原駅前通り明店街でも商工会や観光協会、地域の各種団体などが事業の運営に協力している。

③企画の面白さ

地域資源の活用方法は、事業の成否を大きく左右する。霜降銀座栄会の「ミステリーウォーク 名探偵★浅見光彦の住む街」には、推理というゲーム的要素を楽しみながら地域に触れ、地域の人々とコミュニケーションしながら歩くという面白さがある。湯河原駅前通り明店街では、ブランチの時間帯に地域資源を活用したイベントを開催し、宿泊の翌日に気軽に買い物（お土産の購入）やご当地グルメを楽しみたいといったニーズに対応した。

(2) 今後の課題

①個店への波及

今回取り上げた事例は、いずれも地域資源を活用した「イベント」である。他のイベントと同様、一過性の来街者増のみで個店の売上増に寄与しない場合は、商店街関係者のモチベーションが徐々に低下していくおそれがある。来街者が地域を回遊するとともに、個店に一歩足を踏み入れる仕組みづくりが不可欠である。

②地域への波及

イベントの内容（品質）を維持・向上させながら参加者からの評価をさらに高めることにより、イベントの「ブランド化」を図ることが最初のステップとなる。そのためには、事業の担い手に新しいメンバーを入

れ続け、新しい発想でテーマをつくり、リピーターを含めた参加者のニーズに応えていくことが必要であろう。

次のステップでは、地域のブランドとして確立したイベントを柱としつつ、その他の地域独自の商品・サービスを組み合わせながらターゲットとする顧客に継続的に提供していく。こうした展開が、地域資源全体のイメージや付加価値を高めること、すなわち「地域ブランド化」につながり、地域外の資金・人材を呼び込む持続的な地域活性化が実現するのである。

そして、地域ブランド化による好循環を生み出すためには、地域への強い愛情を持つ事業関係者に加え、住民を巻き込んだ地域一体での取組みが重要といえる。

商店街ハロウィン

地域の将来の担い手を生む、商店街ハロウィン

板橋　春太郎

1 このテーマ・取組みを取り上げる理由

　最近、日本においても、子育て層や若者の間では、仮装しつつ街歩きを行って、ハロウィンを楽しむ人々が増えている。渋谷の駅が仮装をした若者であふれかえるハロウィンの様子は、とても有名になった。

　このハロウィンという機会は、気軽に地域にお祭りムードをもたらす。誰もがこの日、この時期をハロウィンと認識しながら過ごす雰囲気があり、自然とお祭りの雰囲気が起きる状況になる。

　これらのお祭りムードに着目して、最近では、商店街の空間をお祭り場所として歩き回る、「商店街ハロウィン」が生まれてきた。

　このようなハロウィンが演出する雰囲気は、商店街の空間活用と大変相性が良い。商店街自体をハロウィンの舞台とすることで、広く、1つの街区という空間を、お祭り感覚で楽しむことができる。

　ハロウィンが商店街で活かされることで、街区の個店の集客の実現や参加店舗の認知度向上に活かされる事例が生まれてきている。それらはどのようなものであるか、具体的にみてみたい。

(1) 将来の来店者を商店街に向ける事業

　商店街をめぐる顧客の動向は、時代とともに変わりつつある。これまでの商店街の主要顧客であった60代以上の人たちは、店主との対面販売の魅力、意義を知り、その生活の中で、日々のさまざまな生活のコツやノウハウを、専門職種である商店街の店主から得ることができてきた。

　しかし、ここ20年間における情報化社会の進展により、商品販売の手法そのものが構造的に大きく変わった。モノの販売自体は、インターネット通販や大型量販店がその販売高を大きく伸ばしてきた。その結

果、昔ながらのまちなかの商店街の個店で、対面販売にて商品を買うこと自体に慣れていない顧客が増えてきている。

例えば、現在の30代の顧客層でいえば、20代を超える頃から、生活必需品の購入の際にも、スーパーでの購入に加えて、インターネットを使った宅配サービスなどが浸透してきている状況下にある。

このような顧客層を商店街に引き寄せるには、各店舗の空間を肌で感じ、店舗と商店街への滞在時間を増やす取組みが重要である。

(2) 地域に根を下ろす住民に、対面販売の機会を

20〜30代の若年層が、消費活動において地域商店と関わりを持ちやすい時期は、子育てを行う時期と重なる。家族での住居の購入や子どもの小学校の入学等のタイミングで、地域に根を下ろし、長年生活をしていく基盤をつくり始めることが多い。

このような時期の購買行動の特徴として、家族向けの大量購買を行うことや、即時に必要なものを求めることがあげられる。また、インターネット販売では見えにくい、購入する商品一つひとつの安全性や性能をみた上で、良質の商品・サービスを求め、家族に提供する機会が増えてくる。

しかし、かつての対面商売で店主が自然と伝えてきたような、本当のモノの良さを見分ける術がないのが、このような商店街での買い物の機会があまりなかった層である。本物を探そうとした時に、どうすれば本当に自分の求める質のモノを求めることができるのか、それを見極めるコツや買い物の仕方、モノの良さを見分ける術を知らないことに初めて気づく人も多い。

このような顧客からは、地域の店主と自然に触れ合いたい、自らの生活をより便利にしたいと思いながらも、対面販売に慣れていないことから、どのような距離感で、まちなかの店主とコミュニケーションを取ったらいいかがわからないという声も聞く。

よって、20〜30代の層は、興味があったとしても、個店への初めての来店は、心理的ハードルが高いと感じる人も多い。商店の外観はよく見るが、いざ店舗に入るには勇気がいるという彼らに向けて、この店舗

への初めての来店に対する垣根を取り払うことが、商店街ハロウィンの目的ともなっている。

2 商店街の具体的取組み

(1) 裏浅草ハロウィン（千束通り商店街エリア）
①商店街をめぐる状況
　裏浅草ハロウィンは、有志団体が千束通り商店街地域において行ったハロウィンである。このハロウィンのスタンプラリー会場として、参加者がめぐる舞台になったのが、千束通り商店街の各店舗であった。

②取組みのきっかけ・流れ
　千束通り商店街は、かつてより、地域の活動団体やデザイナー、歌手、スタイリストなど、「商店街を舞台として活動したい」人に向けて、その機会と場所を提供していくことと、各店のにぎわいイベントを重ねながら事業を行ってきた。

　本イベントについても、高校生、大学生、社会人の有志からなるボランティアチームが、商店街を舞台にしたハロウィンを行いたいという意欲があり、商店街がその意欲を汲み、店舗をめぐる事業としてコラボレーションしていったことにより始まった。

　平成28年度で5回目となり、商店街事務所や参加店の店舗等を活用して、ハロウィンにおける商店街活動を進行させてきた。

③取組みの担い手と仲間たちの動き
　取組みのきっかけは、前述したボランティアチームであったが、商店

商店街の概要

【商店街名称】千束通り商店街振興組合
【所在地域】東京都台東区千束通り周辺
【商店街属性】近隣型
【商店街加盟店数】約160店（イベント参加店は12店）
【特徴】商店街は運営会場・店舗を提供（取組みの実施主体は、裏浅草ハロウィン事務局）

街側の一番のリーダーとなったのは、千束通り商店街周辺に長年在住し、熱い意欲を持つ「近隣住民兼商店街理事」の方である。

このリーダーは、長年千束通り商店街周辺の地域住民の立場から、ボランティアとして商店街事業の運営面に長年携わってきて、その実績から、今は商店街の理事としても名を連ねるようになった。

住民目線から地域事業と商店街事業との融合を考え、商店街の盛り上げに意欲ある店主を一人ずつ探していき、自らの商店街活動への意欲を直接伝えていった。このような取組みが、意欲ある店主の「想い」をつなぎ、地域を盛り上げる活動への賛同意欲を高めてきた。

第5回裏浅草ハロウィンのパンフレット

また、このリーダーは、各店主が持つ技術、特技や店舗の歴史を把握して活かす取組みを行ってきた。ある時は店主によるバンドチームを結成し、またある時はお祭りとコラボレーションした商品開発（「いぬねこまつり」開催の際、猫にちなんだ商品を数店に制作してもらい、来街者に向けて販売）などを行ってきた。

本イベントの企画についても、店舗に新たな人を呼び込むために、新規店舗を中心にして回れるスタンプラリーを仕掛け、ハロウィンを実現させてきた。ハロウィン企画に参加した商店街加盟店12店は、一店一店、この理事が直接声をかけて集めた。商店街の定例的な情報発信では伝わりにくい事業の趣旨を伝え、それを踏まえてどのような店舗が、どのような関わりができるか、状況を直接とらえながら調整を行った。

結果として、団子屋がお菓子以外に子ども向けの団子をサービスしたり、参加店のペットショップでは、当初、「協力したいけど、菓子を配布できる人手がない」と言われていたが、仮装ができて菓子配布を手伝える近隣の仲間に直接呼びかけるなどして、参加店側のハードルを柔軟に解消してきた。

スタンプラリーの様子

　また、特設ステージには各店舗のテナントが並ぶが、この理事がさまざまな事業で関わった商店街の周辺店舗にも出店を呼びかけた。さらに、特設ステージで歌う歌手については、当理事が発案し、毎月行うこととした「千束ミュージックライブ」に出演する歌手が参加した。

　このように、日々のつながりを広く持った仲間から運営メンバーを集めることで、一時的な集客ではなく、継続して地域を楽しもうとする顧客をつくる事業として位置付けた。地域の人や地域とつながりを持とうとして集まった仲間を取り込んで行う雰囲気が、当商店街のハロウィンの特徴であった。

④**取組みの成果**

　裏浅草ハロウィンは、千束通り商店街との関係が密になったことで、新たな地域の子どもたちに向けて、商店街を歩き、店舗と触れ合う機会をつくることができ、店舗の面白さを伝えるきっかけとなった。

　商店においては、「衣装づくり」や「牛乳パックでの灯篭づくり」といったように、子どもと触れ合いやすいテーマで店主が地域の親子連れの来街者と関わるきっかけができた。この体験をきっかけに、店舗と顧客の距離がぐっと狭まり、日々の来店時の顧客につながっている。

　さらに、最近開店した団子屋では、自店の商品を多くの子どもたちに提供し、認知してもらうことができた。こだわりの団子をハロウィン来店者用の特別サイズとしてつくり、来店する子どもたちに配布したことで、親子に向けて店舗の存在を広くPRすることができた。

　また、複数の店舗を歩きまわり、出店で買い物をした後などに、腰を

落ち着ける場所を求め、商店街の喫茶店、飲食店は満員状態であった。

　ハロウィンの盛り上がりをきっかけに、普段は比較的敷居が高そうにみえた商店街の喫茶店、飲食店に新たな顧客が入りやすくなっており、一部の喫茶店では、「食品の持ち込みOK」として、柔軟に来街者を迎えたことが魅力的な対応であった。

(2) 買い歩きスタンプラリー＆ハロウィンウォーク　（荒川なかまち通り商店会）

①商店街をめぐる状況

　荒川なかまち通り商店会は、JR三河島駅より徒歩3分のところに立地する、全長約500mの直線を軸としている商店街である。

　生鮮三品が揃い、焼き鳥屋、唐揚げ屋、惣菜屋といったような食に関わる店舗も多く、「三河島の台所」としての機能を果たしている。最近では、荒川区が日経DUAL2015において、「子育て層が住みやすい街」の第1位になったこともあり、ここ数年、区内における児童数は、他区に比べても増加傾向にある。

　これまで当商店街地域においては、商店街の店舗で店主として販売体験を行う「子ども店長」事業を行っていた。町会や学校とも連携して、小学校の職場体験を商店街で受け入れ、商店において子どもたちが店頭で触れ合う機会があった。

　毎週の売出し事業はあるものの、かつて行っていた商店街の一大事業「七夕祭り」がなくなってから、商店街の目玉となる集客イベントがない状況が続いており、「1日でも、一直線のこの通りを見通せなくなる

商店街の概要
【商店街名称】荒川なかまち通り商店会 【所在地域】東京都港区荒川3丁目周辺 【商店街属性】近隣型 【商店街加盟店数】55店 【特徴】生鮮三品が広く揃う商店街

くらい人が集まったらいいのに」という声が理事の間からも出ていた。

②取組みのきっかけ・流れ

年に1回の商店街のにぎわい事業として、かつての七夕祭りのように、商店街に一度に集客できる事業を模索していた。ただし、かつて七夕祭りが廃止された背景には、各店の日々の売上に直接的に反映しにくいという点があった。

その反省を活かすべく、事業を模索している中、駅前に新たにタワー型のマンションができることに伴い、新たに近隣に在住する層、特に最近増えつつある子育て層に向けた事業を行えないかと考えた。

スタンプラリーのパンフレット

そういった中で、子どもたちが中心となって、各店を回遊する形でのハロウィンウォークの企画が提案された。また、販売事業についてのにぎわいにもつながるよう、買い歩き型のスタンプラリーを同時開催することとした。各店において、500円ごとの買い物で、各店舗の欄のスタンプが押印される。このスタンプの数に応じて、ハロウィンウォーク当日にくじ引きができるという仕組みにし、買い物客とハロウィンウォーク参加者が混ざり合いながら、商店街を回遊する仕掛けをつくった。

③取組みの担い手と仲間たちの動き

取組みの担い手は、理事長や2人の副部長を含めた7名の理事であった。他の商店街例会では、理事長1人が進行を行い、ワンマンで意思決定をするところも多い。しかし、当商店街の定例会では、事業専任の副部長と総務・会計の副部長が主に進行役を務め、意見も言うと同時に、他の理事からもさまざまな意見を取り込んでいる。

事業専任の副部長は、地元小学校のPTA役員の経験から、小学校や町会とのつながりが深く、「子ども店長」事業が地域で浸透してきたのは、これまで培ってきた人のつながりを活かしてきたからである。また、総務・会計の副部長は、さまざまな横の商店街のつながりを持ち、

2 活性化、販売促進

これまで区の商店街連合会の青年部定例会、他の商店街の店主同士での定例的な情報交換会などに参加し、他の商店街の取組みの様子を聞く機会を持ってきた。

その結果を、当商店街の事業に活かし、売出しのガラポンの景品を子育て層の家族が喜ぶ景品に変えるなどの方法で、スタンプへの

ハロウィンウォークのパンフレット

来店者の挑戦回数と参加店数拡大につなげてきた。また、店舗の業種の特性として、写真等のデザイン加工を行ってきた経験を活かし、近年では、商店街のチラシやラリーカードのデザインを自ら行っている。デザイン業者が行えないような、理事の意見をすぐ反映させて短納期で完成させることを可能にし、かつ商店街会計における印刷物のデザイン費用の圧縮を行ってきた。

他の理事も、電気店、茶屋、青果店といった、各店の業界や動向に合わせた意見を言うため、参加店の想いに沿った意思決定に貢献している。

ハロウィンウォークの企画時においては、7人の理事が話し合い、参加した店舗の売上向上と商店街のにぎわい向上の両輪が満たされることを第一の目標においてきた。

その上で、これまでのどの参加店でも商品の価格として設定しやすい、500円を1スタンプにする形で買い歩きスタンプラリーのルールを設定し、スタンプ数に対するガラポン回数も、各々の理事が把握しているさまざまなお客様の購買行動を考え、そのお客様の層が普段の購買時からもう1〜2点買うと、お得な回数になるような設定を行った。また、このスタンプ実施日を、ハロウィンウォークの日と重ね、通常の来店客に対して、ハロウィンによる商店街のにぎわいを見てもらうことによって、商店街に人が多く溢れる姿を目に焼き付けてもらうことを狙った。

ハロウィンウォークについては、この事業を企画した本旨に則って、ターゲットは地域の子どもたちに設定して、すべての事業内容を設定してきた。開催時間は17時までとして、地元の小さな子どもたちが帰る

時間まででイベント終了とした。

　また、地域の児童館と連携して準備を行って、地域の子どもたちが楽しみやすいように、商店街は子どもたちに向けて、ウォークの場所の提供、お菓子の準備等を行い、児童館は子どもたちの衣装の製作体験講座を開催して、約2週間前から、ハロウィンウォークに身に着けていける衣装の製作や当日の子どもたちの着替え場所の提供を行った。

　商店街は、児童館の子どもたちが、お菓子がもらえる店舗の間をまとまって歩き回る「ハロウィンウォークツアー」を2回設定した。お菓子を配る対象は、「仮装をした子どもたち」に設定した。また、地域の児童館から商店街の入口側までは約500mの直線であり、その長い距離は通常では歩きづらいものであった。そこで、ハロウィンウォークツアーの際、商店街入口まで歩いてきた子どもたちに向けて、街区を通り切った記念として、特別ガラポン券をプレゼントし、商店街の買い歩きスタンプラリーの参加者と交じり合う形でのガラポン参加を呼び起こした。さらに、商店街の中に、店舗をハロウィン仕様に飾った「自撮りポイント」を設定し、商店街区がハロウィンの雰囲気になった様子も体感してもらった。

④取組みの成果

　これらの取組みにより、主に以下の成果があった。

- スタンプ総獲得数：3,823個
- ハロウィンガラポン抽選会来店者：1,656人
- ハロウィンウォーク完了児童数：337人（ハロウィンウォークツアーに参加し、ガラポンを引いた児童数）

　これまでの取組みでは、商店の店主と10代の子どもたちが、お店の中で直接関わる機会はなかった。しかし、本事業により、子どもたちが商店街の店舗や店主と直接の触れ合いを持ちつつ、ハロウィンを楽しむことができた。

　また、地域の児童館と連携をしたことで、地域の一大事業として位置付けられ、区の他の関連施設（エコセンター、たんぽぽセンター）も、当日にイベントを同時開催し、地域事業の周知の場として活かしていた。さらに、商店街の売上面としても、買い歩きスタンプラリーの時期

だけで190万円以上の店舗収入をスタンプ数から確認できた。

3 診断士が診た、成功のポイントと今後の課題

(1) 成功のポイント

商店街ハロウィンは、現在の顧客層ではなく、将来の顧客層に向け、「商店街」という空間とその店舗を、自身の活動する空間として感じてもらう機会である。

今日、商店街を支える若手店主、大学生、地域団体等の多くは、かつての商店街への思い入れが深く、その思いをこれからも守りたい「想い」で、商店街活動を行っている。

子どもたちが、ハロウィンへの参加により、「商店街」を自身の楽しみの場として感じることで、商店街をこれからも守るべきものとして意識するきっかけになれば、今のわれわれが感じられない視点から、新たな商店街のにぎわいのつくり方を考える人材を生み出していけるのではないかと考える。

また、ハロウィンに関連した顧客は、その多くが40代未満であり、今後の購買を行うことによって、店舗の顧客生涯価値を高めることに大きく貢献する。今の売上だけではなく、商店街を長期的に利用し、また理解する、将来の地域の仲間を生み出すことにも寄与する。

(2) 今後の課題

商店街ハロウィンは、ただ来た人たちにお菓子を配る仕掛けではなく、想定するターゲットに地域の魅力を示す機会であるため、ターゲットの絞り方を十分に考慮する必要がある。

近年、区や市が商店街に呼びかけて、企画を受動的に実施する例もみられるが、どのエリアから、どのような人を呼び込むのかは、商店街地域によって異なる。ターゲットを区や市全体など広域にしすぎた結果、「どこの子かわからないが、とにかくお菓子を配った」という店主の声を聞くことがある。これでは、地域の人と商店街の交流を深め、商店街の将来顧客を拡大するという展望に結び付きにくい。

また、子どもたちのみでなく、大人までターゲットにしてしまうと、

その参加者を抑える人がいなくなり、治安面で相応の対策をしなければならなくなる。それでは、警察からも道路使用等に関する許可が得にくく、地域事業とはいいにくいものになってしまう。

　商店街と地域の在住者が、安全に、また商店主が迎え入れやすい形で実施し、各店の売上につながる仕掛けを重ね、一過性の事業にしないことを考えて実行をしていくべきと考える。

第3章

地域連携

- 学校連携
  若い力とアイディアを取り込む学校連携
  芝商店会／国立ダイヤ街／富士見台名店街（むっさ21）、谷保駅北口商店会

- 地域行政
  まちづくりのアイディアに中小企業診断士を活用
  観音通り共栄会

- まちづくり協議会
  まちづくり協議会との連携による商店街活性化
  東向島駅前商店街

- 広域連携
  行政区を超えて、商店街が連携する
  葛飾区商店街連合会／江戸川区商店街連合会

学校連携

若い力とアイディアを取り込む学校連携

大嶋 謙一／西岡 邦彦

1 このテーマ・取組みを取り上げる理由

　商店の減少、店主の高齢化などにより、多くの商店街でイベント行事に動員できる人手は減りつつある。この問題を根本的に解決することは難しいが、外部のマンパワーと若い発想力を取り入れる方法として、学校連携が注目されている。具体的には、以下のような特徴があげられる。

(1) 減少しつつある商店街のマンパワーを補う

　前述したように、後継者や若手不足に悩む商店街は増えつつあり、毎年行ってきた行事を、縮小・消滅させてしまう例もある。事情を知っている地元の人の協力を得られればベストであるが、単純に人手を増やせば解決できてしまうことも多い。学校によっては、数十人単位で手伝ってくれることもあり、心強い戦力になるケースもある。

(2) 若い世代ならではの企画や新しいアイディアを得られる

　若い世代は流行に敏感であり、その感覚や考え方から親世代、シニア層には思いつかないような面白い発想や提案が得られることもしばしばである。それらを取り込むことで学生の主体性を促し、商店街のイベントをより盛り上げる、といった効果も期待できる。

(3) 新しい顧客として学生たちを迎える

　学生が商店街で買い物をしている光景を見かけることは、ほとんどない。その理由はいくつか考えられるが、商店街や店舗に馴染みがないというのも1つと考えられる。学校連携を通じて店主の顔を知り、そこに住む人を知ることは、学生たちが1人の客として商店街を利用するきっ

かけとなり得る。商店街の利用者も高齢化している現在において、若い客層を取り込んでいくことは重要な課題になってきており、学校連携はその課題解決としての側面も持ち合わせている。

これらの点を踏まえ、具体的な事例を取り上げる。

2 商店街の具体的取組み

(1) 芝商店会
①商店街をめぐる状況

芝商店会は飲食店が多くを占めている。駅から離れているが、周辺に大手電機メーカーの関連会社など多くの企業が集積しているため、平日の昼間はランチ客でにぎわう。一方、土・日はこれらの客がいない上、平日の夜も接待での利用や一般の飲食客が年々減りつつあり、閑散としてしまうのが特徴である。また、コンビニエンスストアのテイクアウトによる中食（なかしょく）や自炊する人の増加も、飲食店の売上減少に追い打ちをかけている。

②取組みのきっかけ・流れ

芝商店会の学校連携は、イベントで配る印刷物の内容を検討するため、公的機関の専門家派遣事業によりデザイナーを紹介されたことがきっかけであった。その専門家が芝商店会から徒歩圏内にある読売理工医療福祉専門学校クロスメディア情報学科の講師を務めていた縁で、学

商店街の概要

【商店街名称】芝商店会
【所在地域】東京都港区芝2丁目周辺
【商店街属性】近隣型
【商店街加盟店数】65店
【特徴】オフィス街に隣接する地区であり、ランチ客をメインターゲットとした飲食店が集積する。テレビ番組などに取り上げられることが多いため、平成28年に以下のホームページに改修し、メディアと連携した情報発信を行い集客につなげている
http://www.shiba-shotenkai.com

左から、芝商店会アーチ、「芝辛激辛ストリート」ののぼり、スタンプラリーのポスター

校での授業を絡めて生徒に協力してもらう形で連携がスタートした。

具体的な内容としては、各飲食店で用意した激辛メニューを食べてスタンプを集めていく回遊イベント「芝辛激辛ストリート」の告知ポスターとスタンプラリーの台紙について、生徒たちに一人ずつデザイン案を作成してもらい、コンペ形式で1つを選出するというものであった。

③取組みの担い手と仲間たちの動き

この連携のために芝商店会のイベント担当者は学校に足繁く通い、学校側と綿密にコミュニケーションを取った。進捗状況や校正の打ち合わせを何度も行い、作品に対するフィードバックを行うことにより、互いの距離を縮めていった。

学校側の目的としては、生徒への実践の場の提供、学校の知名度向上があり、商店街側もその点を配慮して制作物に学校名を入れるなどの対応をすることで、双方とも大変満足できる仕上がりとなった。

また、商店会会長である金子氏の「若手の店主にやりたいことをやらせる」という方針も連携がスムーズに進んでいった理由としてあげられる。細かい意思決定には関わらず、予算面などでフォローをしていく姿勢が、若手の店主にとって心強い後ろ盾となった。

④取組みの成果

この取組みは、商店街と学校の相性が良かったこともあり、多くの波及効果を生み出している。当初はイベントポスターなどのデザインから始まった連携であったが、そこから商店街の他のイベントの協力へとつ

ながっていった。

　芝商店会では、毎年の夏祭りの際に、会員であるプロレス団体ZERO1の協力のもと、プロレス興行を行っている。しかし、会場の都合上、直接見られる人数が限られてしまうという問題があった。その話を聞いた学校側は、放送・メディア系の学科を持つ強みを活かし、備品である特大モニターを会場に用意することで、会場のいろいろな場所からプロレスを観戦できるようにした。さらに、放送機材を持ち込んでインターネットでのライブ中継を行い、より多くの人がイベントを見られるようになったのである。

　また、商店街が飲食店の人手不足を学校に相談したところ、校内にアルバイトの求人ポスターを貼り出してもらえるようになり、学校側も職員や生徒が商店街の飲食店に弁当を注文するようになるなど、その協力関係は年々広がってきている。さらには、生徒が商店街の飲食店を実際に利用する光景も見られるようになるなど、さまざまな形で学校連携の効果が確認できるようになった。

(2) 国立ダイヤ街、富士見台名店街、谷保駅北口商店会
①商店街をめぐる状況

　JR南武線・谷保駅の北口に、昭和40年代に公団が開発した「富士見台団地」があるが、それに隣接して3商店街（国立ダイヤ街、富士見台名店街、谷保駅北口商店会、互いに隣接）が存在する。学校連携の2つ目の事例として、これら3商店街の取組みを取り上げる。

②取組みのきっかけ・流れ

　東京都国立市、JR南武線・谷保駅の北に位置する国立ダイヤ街、富士見台名店街（以下、「むっさ21」）、谷保駅北口商店会は、50年前にできた富士見台団地の一角の商店街として、かつては、同じ国立市の中央線・国立駅を上回るほどのにぎわいをみせていたという。しかし、「住民の高齢化」、「店舗の撤退」という大きな環境変化の中、商店街にとって事態の打開、再活性化が必要となった。

　そのような時、国立市から3商店街に対して、一橋大学との連携による活性化の提案があったことを受け、大学と商店街との議論が開始され

商店街の概要

【商店街名称】国立ダイヤ街商業協同組合、富士見台名店街商業協同組合（むっさ21）、谷保駅北口商店会

【所在地域】東京都国立市富士見台1丁目周辺

【商店街属性】近隣型

【商店街加盟店数】国立ダイヤ街商業協同組合：約20店、富士見台名店街商業協同組合：14店、谷保駅北口商店会：約50店

【特徴】3商店街とも「富士見台団地」に隣接し、イベント開催、広報などで連携を行っている。イベントでは谷保天満宮旧車祭、サンバパレード、ハロウィンなどの開催で連携し、広報ではフリーペーパー『やっほー』の制作で連携するほか、それぞれ以下のホームページを運用し、商店街、個店、イベントなどの紹介を積極的に行っている
- 国立ダイヤ街商業協同組合
  http://kunitachi.shop-info.com/units/36236/623/
- 富士見台名店街商業協同組合
  http://www.k-shokyo.com/mussa/
- 谷保駅北口商店会
  http://www.k-shokyo.com/yahokita/

た。当初は研究会という形で、平成13年1月から、団地の集会所で月に2回、商店街と大学、学生の間で議論が交わされた。この研究会では、むっさ21内の空き店舗をどうするかが最大のテーマで、議論は夜11時まで続くなど白熱した。また、平成14年4月に「まちづくり」の授業も開始され、150人も学生が集まった。その後、商店街との継続的連携の仕組みをつくるために、一橋大学の学生サークルPro-k（サークルメンバーは80人程度）が結成され、連携の母体となった。

研究会での議論と学生の希望を受け、学生と市民が運営の主体となって、カフェなどが開始される。国立市は3年間URの家賃を負担し、支援をした。その後、店主側の考えで、収益事業として地産地消に役立たせる「とれたの」（国立産野菜の販売）が開始された。八百屋との軋轢も、地産地消をして棲み分けを図ることで解決した。

「とれたの」
(取り扱い野菜はすべて「国立産」)

「Café ここたの」

　その後、紆余曲折を経て、現在では、学生、店主、地域住民から構成されるNPO法人くにたち富士見台人間環境キーステーション（平成18年法人格取得、理事長・内藤哲文。以下、「NPO法人KF」）が主体となって、すべて国立産の野菜を扱い、国立名産のほうれん草を活かした「ほうれん草うどん」などの物販を行う店「とれたの」、美味しいのみならず、楽しみや安らぎも持ち帰ってもらえるコミュニティカフェ「Caféここたの」（「ここに来るとたのしい」が由来）、自主講座の開催や貸しホール事業などを行う「KFまちかどホール」など4店舗を、むっさ21の中で、学生と地域住民の力を上手に活用して運営している。「KFまちかどホール」では、既に260回を重ねる自主講座の開催をしたり、ギャラリー（市民が描いた絵の販売もする）を開催したり、コンサートやイベント用途も含めた貸しホール事業を行ったりしている。

　また、これら3商店街は、位置的に隣接することもあり、谷保天満宮と共催した旧車祭、サンバ祭り、キャラクター「やほレンジャー」の練り歩きなど、商店街の多くのイベントを共同で開催している。また、3商店街は、共同でフリーペーパー「やっほー」を制作している。学生は、このよう

団地の一角にある商店街の風景

なイベントの実施やフリーペーパーの作成にも大きくかかわっている。

③取組みの担い手と仲間たちの動き

これらの一連の取組みは、商店街、学生、市民、市が協働した好事例といえる。店舗の運営は、学生と市民による。学生には授業があり、どうしても日中時間がとれない場合があるので、子育てを終えた主婦など、市民の役割が大きい。もともと、消費者として店に来たのがきっかけの人もいる。なお、市民にも学生にも、運営主体であるNPO法人KFから賃金が支払われている。

大学側の関わりの経緯は前述した通りだが、現在はNPO法人KFが運営の主体となっている。NPO法人KFは、総会、理事会、定例会（月に1回）、事務局、財務、広報、渉外などの組織・機能を有する。また、NPO法人KFには、店舗運営関係の4チームと担当店舗を持たずイベント実施、フリーペーパー作成など3商店街との協同事業を行う1チーム（商店街協同）の合計5チームが置かれている。

学生は、一橋大学のサークル「Pro-k」に属する学生が大多数だが、津田塾大学など、他大学の学生もいる。それぞれの店舗を担当する学生は決まっており、市民との協働の中、シフトを組み、仕入れ、陳列、接客、経理をはじめとした店舗運営を行う。

なお、店舗開設時に必要な資金については、都や市の補助金以外に3商店街が拠出することで賄った。資金繰りが苦しい中、商店街の人が市民や学生の手伝いを得て木材を加工し、カフェのテーブルをつくるなど、経費の節約をした。また、足りない資金をNPO法人KFの内藤理事長が個人的に貸し付けたり、サイフォン、コーヒーカップ、マイク、スピーカーなどは市民に寄付してもらったりと、皆でつくり上げていく苦労も経験した。

④取組みの成果

かつての空き店舗が学生、市民により運営され、現在は空き店舗がなくなったことが一番の成果といえる。

また、むっさ21の新藤信孝理事長によると、「アイディアの面でも人手の面でも、学生抜きの運営は考えられない」とのことだ。齢を重ねた商店街の人々と若者が連携し、新しいものが生まれているとの評価であ

る。学生は、店舗の運営以外に、フリーペーパーの発行や地域イベントへの参加などをしており、このような連携は、結果的に商店街、地域の活性化に貢献している。

なお、店舗間の連携、シナジー効果もある。「まちかどホール」では、最近、月1回、30～40人が参加して合唱する「うたごえ教室」を開催しているが、参加者の中にコミュニティができ、終わった後「ここたの」に寄り、コーヒーなどを一緒に楽しんでいる。また、教室開催時にフリーペーパーや割引券を配るなど、商店街をアピールする場にもなっている。

3 診断士が診た、成功のポイントと今後の課題

(1) 成功のポイント

① Win-Win の関係を築く

学校連携においては、商店街と学校の双方にメリットのある関係を築くことが肝要である。そのためにも、次の3点に気をつけたい。

第1に、むっさ21のような例外もあるが、学生による商店街活動は対価を得て請け負う仕事ではなくボランティアに近いため、業務量を制限すること、第2に、精神面や思考面において社会人経験のない学生（しかも、多くは未成年）である点を考慮すること、第3に、授業や課外活動の一環での協力になるので、質やスピードを求めすぎないこと、である。

どこまで手伝ってもらえるか、事前の線引きも必要であろう。教師のかかわる度合いもケースバイケースなので、学校側に過剰に期待したり、多くの役割を求めたりしてはいけない。これらを心に留めておくことが重要である。

②積極的にコミュニケーションを取る

学校は営利企業ではないため、商店街との間で物事の考え方や進め方にどうしても齟齬が出てくる。商店街は綿密に会議を行い丁寧に意思決定をしていくことが多いが、学校側はイベントの時間にいるだけでいいと考えて、事前の段取り確認や打ち合わせを行わずトラブルになるケースも見受けられる。また、連携を始めた時の学校側の当事者が異動し、

後任が事務的な対応をするだけになって、意識のズレが生まれる場合もある。顔を合わせる機会を増やし、できるだけ密な関係にしていくことが成功のポイントとなる。

③感謝の気持ちを伝える

学校連携においては、学校側も授業の時間を割いて、場合によっては土・日の時間を使って協力してくれるのである。地域貢献の意識がない学生も多いが、感謝の気持ちを伝えることで、学生側も協力することの意義を考え気づきを得る機会になる。連携を進めていく上で課題が出てきても、長期的な目で解決すればいいのである。連携を長く続ける上でも学校側とは良好な関係を築いていきたい。

以上の点を考えると、むっさ21などの事例は極めて特異な成功事例といえる。この事例の成功のポイントは、次の4点に集約できる。

- 学生が、商店街と連携する活動が一時的なものとならないような仕組みづくりにかかわったこと。学生は、もともとは大学の授業の一環で商店街に関与したが、後に「Pro-k」をつくり、メンバーの入れ替わりはあるものの常時関与するようになった。さらに、NPO法人KFが設立され、学生や市民の活動が、組織的、体系的に行われるようになった。
- 商店街側が学生を対等な立場で受け入れ、尊重したこと（NPO法人KFの理事長・内藤氏の話の随所にこのことを感じた）。
- 学生にとっても、まちづくり、店舗経営の生きた授業となったこと、また、学業が本分の学生を市民が支えたこと。
- 学生たちは授業の後、当たり前のように商店街活動を行い、時には店主たちと飲みに行き、商店街にとっても学生がいるのが当たり前となるほど両者が密接な関係になったこと。2年秋から1年間全体リーダーとカフェ店長だった日高雅也さん（一橋大学社会学部）は、終了後4年生になっても活動を続けた。

(2) 今後の課題

ここでは、成功事例が何かのヒントになり、全国の商店街に横展開されることを願い、学校連携の成功事例を2つ取り上げた。

一般的にいえば、商店街では今後、店舗の廃業やフランチャイズ店の増加などにより、商店街活動に参加する人間がますます減少することが予想される。そのような状況の中、今回取り上げた事例のように、商店街が外部の学校から協力を得られれば、足りない人手の補完、イベントを維持する上でのサポートといった限定的な役割にとどまらず、新しい方向性、関係の構築ができる。

　学校側としても、商店街とつながりを持ちたい、研究に協力してほしい、学生側としても、学問の実践の場がほしい、地域社会に貢献したい、などという想いがある。

　商店街と学校、学生の双方が互いの立場やニーズを理解すべくコミュニケーションを密にする中で Win-Win の関係を築いていくこと、互いに尊重する対等な関係を築いていくことが、商店街と学校、学生が連携をする上では望ましい。また、人間関係と同様に、そのような関係を築いていく努力を積み重ねる中で、互いの信頼関係が生まれ、その関係性や連携をより深めていくことができる。

地域行政

まちづくりのアイディアに中小企業診断士を活用

三海 泰良

1 このテーマ・取組みを取り上げる理由

　地域行政と商店街は、公共的な街とそのコミュニティを担う上で、これまでも共存してきた。例えば、商店街の街灯である。都内では最近、個性あふれる街灯を商店街でよく目にするようになった。これは、公共物である街灯設置を、行政が補助金を出して進めてきた結果であり、近年では省エネルギー対応として更新補助もしている。

　このように、行政はまちづくりを助成しているが、行政だけでのまちづくりには限界があるため、商店街に頼るところは大きい。

　また、本書の他のところでも触れられているように、世田谷区明大前商店街や新宿区歌舞伎町商店街などでは、街の防犯活動に商店街が積極的に関わっている。街の治安向上は、来街者の増加にもつながり、安心で安全なまちづくりを商店街が行政に代わり担っていることになる。

　行政は、自ら担い切れない住民サービスを補完している商店街に対して、助成事業などを通じて支援をしている。

(1) 地域行政と商店街——東京都大田区の独自の取組み

　大田区は、東京都の「新・元気を出せ！ 商店街事業」により、区内の商店街が行う7つの事業に助成を行っている（図表1）。大田区は同事業に対して、一歩踏み込み、中小企業診断士を活用した独自の取組みを展開している。行政主導ではあるものの、民間の経営コンサルタントである中小企業診断士を商店街に投入する活性化プログラムである。

　ここでは、7事業のうち、イベント・活性化事業を活用した商店街の事例から、商店街と行政の連携と、そこにおける中小企業診断士の役割について考えていく。

図表1 「新・元気を出せ! 商店街事業」の
7つの対象事業（平成28年度）

```
1  イベント・活性化事業
2  地域連携型モデル商店街事業
3  特定施策推進型商店街事業
4  環境・防災対応型商店街活性化事業
5  中小商業施設整備費補助事業
6  商店街パワーアップ基金
7  商店街買物弱者支援事業
```

※事業年度により変わることがあります。

(2) 都内最大数の商店街を有する大田区

大田区は、旧大森区と旧蒲田区が合併してできた区である。高級住宅街で有名な田園調布は旧大森区、下町ボブスレーでも有名な蒲田の工場地帯は旧蒲田区という2つの面を持っている。蒲田地区で工場地帯へと続く道には、必ずといっていいほど商店街が続く。

こうした商店街は、職住近接の環境で、忙しい町工場を支える形で発展してきた。工場へ住み込んで働いたり、住居から商店街を通り工場地帯へ通勤したりする人たちは、昼食を商店街の惣菜屋で買って整える。パートで働く主婦は、帰りに商店街へ寄りさっと商品を買い、夕飯の支度をするなど、元気な町工場を支えてきた。今では、商店街でも物販店よりも飲食店やサービス業の店が増えつつあるが、布団や服など生活必需品を整えるのも同じように商店街であった。こうして、商店街は何でも揃えることで発展してきた。

さて、東京都23区内で最大143の商店街数を誇る大田区は、区の面積も60.75 km^{2}と23区内最大である。しかし、羽田空港の面積がおよそ25％を占めるため、商店街が形成可能な有効面積は45.53 km^{2}となり、各々隣接している（平成29年3月31日現在）。

(3) イベント・活性化事業

歳末大売出しや夏の納涼セールの際、商店街の販売促進策として、イベント活性策が利用されている。

この事業は、東京都産業労働局が進めているものだが、申請先を各区市町村とすることで、「都」と「区」が一体となり商店街を強力に支援する体制をとっている。商店街の発展と活性化を図ることを目的としているため、多くの自治体では、東京都と連携し、事業に要する経費の一部助成を行っている。

(4) 中小企業診断士の活かし方

各事業の説明から始まり、「計画」、「実施」、「事業終了」、「実績報告書提出」に至るまで、事業の正確性を担保する作業がどうしても必要になる。また、各自治体としては、他の補助金施策でも同じく確認作業を必要とする。

商店街事業に限らず、慣れない人にとって補助金の申請業務は負担が大きい。担当された人の苦労話を聞くことも多い。そこに、中小企業診断士の出番がある。例えば、実績報告書の内容検討に中小企業診断士の助言を得るだけでも、担当者の負担が軽くなり、他の商店街活動に注力できるようになることが期待できる。

前述した通り、大田区は商店街数が東京都23区内で最も多い。また、イベントは夏と冬に集中することから、商店街のすべての現地確認作業に区の職員を割くことが困難となっていた。そこで、区としては、商店街からの提出資料の確認と商店街の実施確認に中小企業診断士を活用し、補助金事業がスムーズに進むための状況調整、指導をプラスして行うこととした。職員の不足を逆手に取り、商店街への補助金を通して地域の活性化をさらに推進する、攻めの施策となった。

(5) 若手育成と東京2020オリンピック・パラリンピック

大田区の商店街に対する産業施策は、商店街の課題別に多岐にわたり用意されている。各種事業においても、中小企業診断士団体などに、現地視察や実績報告支援、商店街活動アドバイスなどの業務を委託することで、専門家による商店街支援を充実させている。

専門家による商店街支援の例として、「若手商人ネットワーク事業」がある。これは、商店街の活性化に向け、外部から専門家を招いて行う

事業であり、講師を招き商店街向けのセミナーなどが開催されている。こうした事業を通じ、若手商人のネットワークづくりを仕掛けて、若手の育成と世代交代の支援をしている。

　お互いの店舗から学び合う"ゆるいつながり"の中から、新たな事業が創出される。多様なコミュニティをつくり、若手の育成を行うことで、商店街の強さの源泉としていく狙いがある。

　東京2020オリンピック・パラリンピックに向けた取組みも開始されている。「文化交流・多言語習得でおもてなし事業」は、オリンピック・パラリンピック・アクションプログラムとして、空の玄関口「羽田空港」を地域資源として持つ大田区らしい施策である。オリンピック・パラリンピックが開催されることから、各商店街でも、今まで以上に外国人観光客に向けた取組みに力を入れている。武蔵新田商店会では、町会などと連携した「武者パレード」を通じて、外国人観光客へ魅力を発信し、商店街単体では対応が難しい事業にチャレンジし成功させている。

2 ｜ 商店街の具体的取組み（観音通り共栄会）

(1) 商店街をめぐる状況

　観音通り共栄会は、昭和22年、戦後復興観音を擁する通りで発足した歴史ある商店街である。最盛期には100店を超える大所帯であったが、現在は、57店で商店街を形成している。

　商店街にある大手資本のスーパーマーケットも商店街に加盟しており、商店街の加入率は100％を誇る。品川と池上本門寺の門前町・池上

商店街の概要
【商店街名称】観音通り共栄会 【所在地域】東京都大田区中央3丁目周辺 【商店街属性】地域型 【商店街加盟店数】57店 【特徴】住宅街立地の商店街

を結ぶ池上通りに面している。

東京都内の商店街というと、駅前立地の人通りの多いイメージが強いが、観音通り共栄会は、住宅街の真ん中にあるのが特徴である。池上通り側に「KANNONDORI」のアーチがあり、「くの字型」に南へ伸びている。

住宅街の商店街は、駅前立地と異なり、人通りは少ない。そのような環境だからこそ、環境に依存しない取組みを考え、実行している事例を紹介する。

近隣住民が買い物をするのは、当商店街ばかりではない。近くの区庁舎所在地の蒲田駅までも自転車で10分程度の距離である。このように、決して恵まれた環境にはなく、日中の人通りも多くはないものの、丁寧な接客を求め、客足は戻りつつある。

平成20年には、欧風スタイルの街灯を設置した。平成24年4月には、大田区内でも先駆けて商店街のイメージキャラクター「カノンちゃん」が誕生した。商店街主催のわかば祭りで華々しくデビューし、東京MXテレ

商店街のアーチと南へ伸びる街並み

ビでも取り上げられた。活躍の場は、商店街の各種イベントである。現在は、デビューから5年経ち、人気も落ち着いてきたが、それでも地元小学校・福祉センターなどに定期的に呼ばれて地域密着の商店街のPRに一役買っている。

このカノンちゃんの誕生には、産みの苦しみがあった。商店街の会合では、毎年繰り返されるイベントへのマンネリ化が共通認識となってい

（左）カノンちゃん、（上）松原忠義大田区長とカノンちゃんの一コマ

たが、どうしたらいいか考えあぐねていた。酒井商店会長の危機意識と会員との意識にズレもあり、手詰まり感があったのも事実だ。そのような中で、平成22年度に大田区のアドバイザー派遣制度にて、中小企業診断士の派遣を受けた。中小企業診断士が先導役を担うことで会員の意見を集約し、調査・勉強会を行い、話し合いの中からゆるキャラ作成の着想が生まれた。最終的には、観音通り共栄会に関わる人から名前を公募し、「カノンちゃん」が実現した。

(2) 取組みのきっかけ・流れ

観音通り共栄会では、前述した東京都の「新・元気を出せ！商店街事業」の施策を利用したイベントとして、春と冬にセールを行っている。

春のセールの「わかば祭り」は地元住民も巻き込んだイベントだ。平成28年度は、5月下旬に開催された。セール最終日には、地元小学校6年生による鼓笛パレードが行われた。また、地元ケーブルテレビ協賛によるスポーツイベントとして、世界大会優勝をした地元大田区のチームを招き「ダブルダッチ」（2本の縄跳びでダンスパフォーマンスをするスポーツ）を行った。

観音通り共栄会では、セールを利用した際のレシートまたは合計額2,000円以上の領収書で1回（最大2回まで）抽選ができる「レシートセール」を行った。

商品は、人気テーマパークチケット5本を特等に、観音通り商品券

（金券）100～10,000円の各種495本を用意した。これまで、秋の味覚セールで、松茸、さんま、みかんなど、物の配付を試し好評を得ていた。しかし、配った商品が商店会員の商品とカニバリゼーション（共食い現象）を起こしたり、変化なく毎年繰り返し行われた中で、会員がマンネリ化したと感じるようになったりしていた。そのため、近年は商品券に落ち着いている。商品券の人気は高く、効果が高いと各店舗からも好評を得ている。

観音通り共栄会マップ

冬のクリスマスセールは、「イルミネーション・キラキラ光る今年も、ありがとうセール」と銘打って行っている。各店主が、店先の街路灯にイルミネーションを取り付けて、街頭を華やかに彩っている。平成28年末のセールでは、三角クジにて抽選を行った。景品には、有名歌謡ショー1本の他に、観音通り商品券（金券）100～5,000円×107本、クリーン賞として洗剤やゴミ袋などを43本、スポンサー賞として参加店よりプレゼント商品を2本、カノンちゃん賞として緑茶10本を用意した。年末のセールも商品券

冬のセール時、街灯に付けられたイルミネーション

の人気が高く、開始後2～3日で三角クジが不足してしまう店舗もある盛況ぶりだった。

いずれのセールでも、商品券は各店舗にて回収されて、商店会に集められる。商店会事務局から店舗に換金を行うが、この際にも事務局手数料は取らず、100％店舗に還元している。

三角クジと景品の金券(100円分)

(3) 取組みの担い手と仲間たちの動き

本活動の担い手は、酒井商店会長と副会長をはじめとする商店街の役員である。力を合わせ、商店街を盛り上げる事業を積極的に進めている。ゆるキャラやイルミネーション事業にも、他の商店街に先駆けて取り組んだ。

このスピード感は、酒井会長の危機感の現れでもある。酒井会長は、都内の他区出身で、広く区外の商店街も知っている。また、他の区では、住宅地の商店街が衰退していく姿を間近に見てきている。その分、危機感が大きい。

スピード感のある実行策を打っていく酒井会長も、親しい仲間からは、「優しすぎて、商店会長には向かない」と言われていたそうだ。その人柄に惹かれて商店街がまとまり、新たな事業に積極的に取り組めていると考える。今では、親しい仲間からも「商店会長が天職」とまで言われている。

(4) 取組みの成果

住宅街の商店街ということもあり、普段はお世辞にも来街者が多いとはいえないが、イベントの期間中は来街者が2,000人を超え、各店舗に三角クジでキッカケを得た顧客が来ることで、にぎわいを創出している。前述したように、大田区は、中小企業診断士団体などに、現地視察や実績報告支援、商店街活動アドバイスなどの業務を委託している。中小企業診断士の現地視察を通して実績報告書が作成され、商店街への支

援が実現される。

一方、商店街側からすると、提出書類に対する助言を受けられると同時に、事業を通して新たな気づきなどを得ることができる。次回イベントに向けた助言を受けることもできる。

商店街としては、これらの助言を活かすことで、さらにイベントの成功確率を高めることができ、新たな価値をもたらしている。こうして、行政・商店街ともにWin-Winとなる仕組みとなっている。

3 ｜ 診断士が診た、成功のポイントと今後の課題

(1) 成功のポイント

本事例の成功のポイントは、前述したように「マンネリ化の打破」である。大田区内の町工場は、ピーク時から約半数に減っている。町工場が半数になれば、商店街もこれまで通りのやり方では、来街客数も店舗数も減るばかりである。徐々に変わっていく街に、会長と会員との間に危機感の差があった。

まちづくりの主体は、住民であり商店街である。行政サービスとして実施できることも限られている。観音通り共栄会では、助成金活用を変革点とすることで、いち早く街灯の整備やイメージキャラクターの作成を行った。商店街のイベントは、一時的な盛り上がりに終わりがちだという課題はあるものの、商品券を積極的に利用した各店舗への還元も実現している。また、これらのイベントに地元ケーブルテレビとタイアップして取り組むことで、その後も繰り返し商店街が取り上げられ、地元

カノンちゃんに群がる人たち

大田ケーブルテレビとの共同企画で
取材を受ける酒井会長

住民に認知される。

このように、住宅街の中の商店街という立地を活かした各種イベントを通じて、住民へ来街のきっかけを提供している。

(2) 今後の課題

商店街の課題は多岐にわたるが、大きくは3点に絞られる。①地域活性化、②空き店舗・個店魅力化、③後継者育成、である。それぞれの課題は相互に関係するので、1つだけ解決すればいいというものではないが、地域活性化は行政とも共通の課題である。

商店街が行政と連携して活性化していく方法の1つは、地域資源を活かすことである。それは、地域の魅力を見直すことから始まる。地域資源は、その地域にいては気づかないことが多く、外からの視点が求められる。そういう場合に、信用のおける自治体の専門家派遣を利用することは、地域資源を見直すきっかけとなる。専門家として派遣される中小企業診断士には、課題の整理や発見に力を発揮することが期待される。

また、中小企業診断士には、地域の隠れたニーズを発見し、行政との橋渡しをすることも期待される。地域の課題に対して、行政として何ができるのかを指摘するのは、現場に近い専門家にこそ果たせる役割である。地域の課題に対応し、地域活性化につなげる施策提言への一助となることができる。

ここで取り上げた事例のように、外から入って来た中小企業診断士を「きっかけ」とすることで、イベントのスタートは切りやすくなる。補助ありきの一過性のイベントではなく、地域資源を活かした継続的な取組みが求められる。そして、それが行政施策と連携した事業へと昇華することが理想である。

まちづくり協議会

まちづくり協議会との連携による商店街活性化

伊藤 智昭

1 このテーマ・取組みを取り上げる理由

(1) まちづくり協議会の概要

人々が暮らす地域の環境はいつの時代も変化をしているが、今日では、「一人暮らし高齢者の増加」、「防災危機管理の推進」、「待機児童ゼロ化」、「事業の後継者不在」など、これまでにも増して、多種多様な課題と向き合う必要性に迫られている。

しかし、地方自治体の人的・財政的資源には限りがあり、これまでと同様のやり方では、各地域で起こっているすべての問題に対応しきれなくなってきている。そのため、各地方自治体では、条例や支援の仕組みを整備して、住民をはじめ地域に関わる団体・専門家・有識者などにも地域に関する問題の提起や解決への参画を促している。

一方で、地域にはこれまでにも、町会、防犯連絡所、青年会、PTAなどの任意団体が存在し、それぞれの問題に対処していたが、少子高齢化の進展や人口の流動化に伴い、担い手の減少、絆の希薄化などが生じており、既存の団体がこれまでのようなやり方では対処しきれない状況になってきている。

そこで、さまざまな団体がゆるやかに連携し、「地域関係者による地域のための自治」を実現できるコミュニティの誕生が望まれるようになった。実際に、各地で「〇〇〇まちづくり協議会」といった新しいコミュニティが数多く発足している。

地方自治体からの発案によりまちづくり協議会を立ち上げる場合には、もともと地方自治体で行っていた仕事を地域住民や団体に行わせようとしているのではないか、という誤解を生じさせないように細心の注意を払う必要がある。

また、地域住民や団体からの発案による場合には、地域の問題解決や暮らしやすい地域の創出には地方自治体の関与が必須であるため、できるだけ早い段階から地方自治体の関係部署と情報交換・意見交換を行うなど、地方自治体とともに活動を進めていくことが重要である。

(2) 商店街とまちづくり協議会の連携

　前述したように、まちづくり協議会は、地域住民や地域に関連する団体が参加し、ゆるやかに連携して多様な地域の問題を解決するためのコミュニティである。そして、商店街は、昔から地域の住民に商品やサービスを提供してきた団体であり、また、商店街で店舗を営む経営者は、地域で暮らしている住民であることが多い。そのため、まちづくり協議会との相性は、大変良いといえる。

　さらに、今日商店街が抱える諸問題は、来街客の減少、空き店舗の増加、経営者の高齢化、安心・安全対策など多様化しており、商店街だけでは解決が難しくなってきている。そのため、地域の歴史や住民同士の絆を踏まえた提案ができる商店街や個店の経営者が積極的にまちづくり協議会に参加することで、複眼的な視点を持てるようになり、商店街独自では解決することが難しい問題に対しても、地域と調和のとれた形での解決策が導き出せるようになるものと考えられる。

2 　商店街の具体的取組み（東向島駅前商店街）

(1) 商店街をめぐる状況

　東武鉄道により明治35年に駅舎が設けられて以来、地域住民に買い物や娯楽を提供し続けている。昭和59年に商店会として組織化し、平成23年に振興組合として法人化している。平成22年に、公募により商店街に面した駅前通りの名称を「東向島粋いき通り（博物館通り）」とし、一層地元の住民に親しまれるようになった。平成24年5月には、最寄駅である東向島駅（旧玉ノ井駅）から2駅先の、とうきょうスカイツリー駅（旧業平橋駅）に、高さ世界一の電波塔「東京スカイツリー」が開業し、電波塔の周辺には東京スカイツリータウン（商業・観光施設）も新設されたため、外来客の増加が期待されている。

商店街の概要

【商店街名称】東向島駅前商店街振興組合
【所在地域】東京都墨田区東向島4・5丁目周辺
【商店街属性】近隣型
【商店街加盟店数】約50店
【特徴】半径約500m圏内に向島百花園、白鬚神社、東武博物館、セイコーミュージアムなどの観光施設がある。また、当地域は「玉ノ井」と呼ばれていた時代があり、その下町風情・人情は多くの文人に取り上げられている。
　現在でも東向島の人々は「下町のなかの下町」として愛着を持って日々の暮らしを営んでいる

(2) 取組みのきっかけ・流れ

　取組みのきっかけは、平成19年、墨田区の押上・業平地区に東京スカイツリーの建設が決定したことに始まる。この年、墨田区商店街連合会と東京商工会議所墨田支部との共催で行われたセミナーに、東向島駅前商店街（当時は東向島駅前商店会、以下「当商店街」）の理事長（当時は会長、以下「理事長」）が参加していた。そこで「墨田区に東京スカイツリーが建設されることは、100年に一度あるかないかの地域活性化のチャンスである」と聞かされ、商店街としてもこのチャンスを活かさなければならないと考えた。

　また、理事長には、商店街も「まちの一員」なのだから「まち

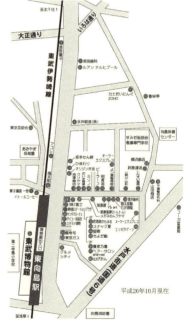

東向島駅前商店街マップ

づくり」に参加することで、商店街も活性化されていくとの想いもあった。そこで、このチャンスを地域ぐるみの取組みに活かそうと、近隣にある2つの商店街に相談を持ちかけると同時に、墨田区の産業経済課にも足を運んで相談した。

墨田区産業経済課としても、東京スカイツリーの建設を機会に、押上・業平地域のみならず、東向島地域（当商店街がある地域）も同時に活性化し、両地域ともに恒常的に外来客を呼び込めるような施策を行いたいと考えていたため、理事長からの相談に協力する意向を示した。

それぞれの商店街理事長が友人・知人へとさらに働きかけた結果、玉ノ井町会長、知識人、専門家などの協力も得られ、東京スカイツリー建設により流入する人口を東向島地域にも誘引するための対策の検討を開始した。

なお、最初はプロジェクトとして発足したが、その後、委員会に改組し、さらに活動規模とネットワークの発展的展開を目指して、想いをそっくり継承した「寺島・玉ノ井まちづくり協議会」に改組しているのだが、ここではプロジェクトおよび委員会の時代も含めて、「てらたま協議会」と表記することとする。

最初、てらたま協議会は毎月1回ほどの割合で開催され、さまざまな取組みについて試行錯誤を重ねていた。そして、会議を重ねていくにつれて、各商店街からも活性化活動に理解を示し協力してくれる経営者が現れ、店舗の一部を借用した期間限定の催し物が開催されるようになった。

その後も継続してさまざまな議論や活動を重ねていくうちに、てらたま協議会の活動をさらに行いやすくするための拠点の確保と、外来客を誘引するための長期的かつより多くの地域住民や団体を巻き込む取組みが必要であることが課題として浮かび上がってきた。

活動拠点については、近隣の商店街にあった空店舗の貸与と墨田区から空き店舗対策のための補助金をそれぞれ受けられたため、てらたま協議会が管理運営を行う「玉ノ井カフェ．」に改築した。

「玉ノ井カフェ．」は、永井荷風の「濹東綺譚」や滝田ゆうの「寺島町奇譚」に描かれている風情・人情が味わえるつくりになっていて、てらたま協議会の会員でもある店主の想いと企画力により、飲食の提供以外

にも、レンタルギャラリーなど地域コミュニティとして活用されている。

◎寺島なす

新たな取組みについては、いくつかの候補があがった中、大きな柱として「寺島なす」を活用するという結論になった。「寺島なす」は東向島地域の活性化にとって大変重要なアイテムであるため、ここで詳しく紹介する。

玉ノ井カフェ.

東向島地域は、江戸時代には寺島村と呼ばれており、隅田川からの肥沃な土が堆積する恵まれた土地柄であった。そのため、徳川幕府は慶安年間ごろから、御前栽畑

寺島なす

として何種類かの野菜を栽培した。その後、栽培される野菜は増加し、宝暦4（1754）年には「なす」を含めた12品目が栽培されるに至った。こうした経緯で寺島村が「なす」の大産地となり、「寺島なす」と呼ばれるようになった。

「寺島なす」は早生の品種であったため、初物好きの江戸っ子に大変重宝がられていた。しかし、関東大震災を境に、東向島地域は住宅用地へと変わっていき、「寺島なす」の栽培もいつしか途絶え、やがて「幻のなす」となってしまっていた。

そんな中、JA東京グループが発足50周年記念事業として白鬚神社に設置した「寺島なす」に関する1枚の解説パネルがきっかけとなり、「寺島なす」のタネ探しが行われ、幸いにも発見されていたのである。さらに、第一寺島小学校の創立130周年記念事業においては、当時のPTA会長や学校長などの協力により、「寺島なす」を小学校内で栽培して給食に出したり、成った実やタネを学童や父母に配ったりしていた。

この一連の活動に、てらたま協議会のメンバーが関わっていたため、

てらたま協議会内で議題にあがり、東向島駅前商店街の理事長と東向島地域で生まれ育ち、現在も当地で暮らしている成蹊大学名誉教授（以下、「名誉教授」）が中心となり、「寺島なす復活プロジェクト」を立ち上げ、「寺島なす」を活用したまちづくりと商店街の活性化が開始された。

とはいえ、現在の墨田区民のほとんどは、かつてこの地域の名産品であった「寺島なす」の存在自体を知らないので、まずは「寺島なす」という名称と特徴ある形を知ってもらい、親しんでもらうための活動から始めた。

東武鉄道に交渉し、商店街に面した線路ガード下のプランターを借用して実際に苗を育てたり、「寺島なす」に関する歴史や江戸東京野菜についての展示や勉強会を開催したり、「寺島なす」生産の第一人者である農業家や専門家の協力のもと、接木苗を地域住民に配布したりした。

これらの活動を通して農業家との協力・連携体制が深まり、継続して苗や果実が確保できるようになったため、活性化活動に加速がついた。販売活動としては、「玉ノ井カフェ．」で育て方が記された小冊子と苗をセット販売し、商店街の青果店で「寺島なす」の果実を販売するほか、商店街近辺の飲食店も参加して、各店舗オリジナルのなす料理を提供している。さらに、「寺島なす」の果実販売に関しては、将来的に青果市場への流通も視野に入れ、青果店店主が卸売市場と連絡・調整を行っている。

「寺島なす」の栽培から収穫・食卓までの啓発活動としては、てらたま協議会メンバーによる育成相談会や、料理研究家を招いての講演「寺島なすで作る世界のなす料理」をシリーズ化して開催している。

また、宣伝・広報活動も活発に行えるようになった。東京スカイツリーのオープニングセレモニーなどのイベント時における苗の配布や、「寺島なす復活プロジェクト」の一環として、墨田区役所内のミニシアターにて、名誉教授による「寺島なすの歴史」と題した講演会と知識人・専門家を招いた「寺島なすでおこす"まちおこし"の野望」と題したパネルディスカッションを行った。

さらに、墨田区に本社を構えるアサヒビールが、全国の市民グループなどと協働して、それぞれの地域の魅力を引き出し、コミュニティを再

構築することを目的として開催するお祭り
「アサヒ・アート・フェスティバル」にも
参加し、「寺島なす復活プロジェクト」の
プレゼンテーションを行うとともに、参加
した他の団体との交流も深めるなど、新た
なネットワークの構築も余念なく行ってい
る。また、この時、てらたま協議会のメン
バーによりオリジナル・キャラクター「寺
島茄子之介」が創出され、置物をつくって
駅前へ設置したり、チラシ・パンフレット・小冊子などの印刷物に活用
されたりしている。

　商店街の活性化活動としては、当商店街が地域商店街活性化事業（に
ぎわい補助金）の採択を受けて「寺島なすサミット2014」を開催した。
そこでは、名誉教授や有識者を交えた「寺島なす」の歴史や魅力につい
ての討議や、「寺島なす」料理の試食会が開催された。また、「寺島なす
見処・食べ処マップ」を配布し、「東向島N（＝なす）級グルメ」と銘
打って、各店が「寺島なす」を使った商品を提供して競い合うなど、ま
さに「寺島なす」づくしのイベントが展開された。

　その後も、てらたま協議会では、地方自治体開催のイベントへの参加
や、独自イベントの開催などを通し、「寺島なす」の普及に向けた地道
な取組みを行い今日に至っている。

(3) 取組みの担い手と仲間たちの動き

　この取組みの担い手は、特定の個人・団体ではない。皆がそれぞれの
問題意識から積極的にかかわっているので、てらたま協議会に参加して
いる全員が担い手である。

　そして、てらたま協議会では、会長（＝名誉教授）と事務局長がキー
マンである。両者の業務は、新規ネットワーク構築のための交渉や折
衝、既存活動の継続、新たな活動の模索や実施、Facebook・機関誌な
どによる情報の発信・管理、協議会メンバーの連絡調整、各会議時の資
料作成と議事進行など、大変多岐にわたっている。しかし、両者とも自

分自身の仕事に加えて、積極的にてらたま協議会に関与して各々の役割をこなしている。

また、商店街側のキーマンは、やはり理事長である。自分自身の店舗はもとより、商店街では催事の開催や各店舗のとりまとめをし、さらに、てらたま協議会のキーマンと一緒にさまざまな役割を果たしている。一例をあげると、「寺島なす」の成長期、線路下のプランターでは、理事長とてらたま協議会の有志が、どんな猛暑日でも、毎日2回、必ず水撒きを行っている。その真摯な姿は、商店街を行き交う人々の目に入り心に残る。その活動に共感を覚え、てらたま協議会へ入会したというメンバーもいる。

キーマン以外のメンバーも、全員が「地域の活性化」という共通目標の下に集結しているため、役割を果たそうとする意識はとても高く、てらたま協議会のさまざまなプロジェクトに応じて、自律的に、持てる能力を十分に発揮して活動している。

(4) 取組みの成果

地域活性化活動の効果の1つとして、取組みに対する外部からの関心の高まりがあげられる。てらたま協議会がこれまで行ってきた「寺島なす」に関する活動に対しても、時間の経過とともに、各種メディアからの取材依頼が増えてきている。直近2年間（平成29年1月現在）では、テレビ局から6本（うち、1本は海外のニュース番組）、新聞社から4本、業界紙などから2本、ウェブマガジンから1本と、数多くの取材依頼があった。

また、「寺島なす」を軸にした商店街活性化の取組みとして、第11回東京商店街グランプリ（東京都主催）にエントリーした結果、高い評価を受け優秀賞に輝いている。

このように東向島地域の認知度が高まり、さらに高い評価を受けることは、てらたま協議会にとって、これまでの活動に対する自信と、これからの活動への原動力となる。今後の運営がより円滑で力強くなる効果も期待できる。

3 | 診断士が診た、成功のポイントと今後の課題

(1) 成功のポイント

商店街の活性化を地域全体の課題ととらえ、まちづくり協議会と一緒に、積極的かつ継続的に活動していることが第1のポイントとしてあげられる。

図表1に整理したように、本事例では、「寺島なす」を活用した地域・商店街活性化のために、タネを見つけ、苗を育て、販売し、啓発活動をするなど、実に大勢の人々が連携し関わっている。さまざまな職業を持つ人々であるため、活動の許容範囲もそれぞれだが、共通の目的を持って連携していくと、1つの団体だけでは至難の業と思われることも成し遂げられることがわかる。

第2のポイントは、地域固有の資源である「寺島なす」に着目している点である。地域固有であるため、唯一無二のブランドを確立しやすく、とても強力な活性化アイテムとなる。さらに、近年では地域資源の活用について、中小企業庁や観光庁でも支援制度を設けているので、制度を活用したブランド強化を図ることも可能である。

図表1 本事例における各組織の連携

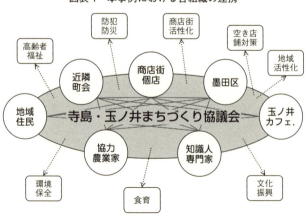

(2) 今後の課題

　当商店街では、「寺島なす」の活用を軸とした地域・商店街の活性化を、今後どのように展開していくかが課題である。

　現在、てらたま協議会では、墨田区による当商店街に隣接する廃校跡地を活用したコミュニティ農園の事業化に向けて、地域住民などに働きかけている。コミュニティ農園には、イベント会場や地域名産品の販売所などが併設される予定であり、事業化が実現すると、「寺島なす」を中心とした各種江戸東京野菜の栽培を通して、環境教育、食育、学童保育、心身の健康増進、防災、イベント開催による外来者の増加・新名所化など、実に多方面にわたる効果が期待できる。

　そして、今後の来街者の増加や新規イベントの開催に備え、青果市場における流通の実現などを通して、「寺島なす」を時季・数量ともに安定的に確保できる体制を確立することも課題である。「寺島なす」の安定的な確保が、商店街（あるいは各個店）における商品開発・販売、イベント立案・実施などの計画的な目標設定を可能とし、資金増加・売上増加への道のりがより明瞭となるからである。増加した資金や売上の一部を、地域・商店街活性化のために還元し、次の計画を立てて実行する、という好循環が確立できたなら、当商店街の取組みが成功をみたといえる。

広域連携

行政区を超えて、商店街が連携する

村上 章

1 このテーマ・取組みを取り上げる理由

東京都広域支援型商店街事業とは、東京都商店街振興組合連合会が、東京都の支援を受けて実施している商店街支援事業の1つで、東京都内の市区町村の枠を超えた広域的な商店街事業に対する助成制度である。助成額も大きく、補助率もこれまでほぼ100％であったため、近年採択の競争も厳しくなっており、実施するイベントなどのテーマが、いかに連携する地域と関係性があるか、また、そのイベントなどの内容が、いかに来街見込客の「心を動かす」企画になっているかについて、十分に考慮された提案が要求される状況になっている。

(1) 広域連携支援の目的

商店街支援は、地域の住民にとってかけがえのない存在である商店街が、大きな時代の流れの中で衰退していく中、公共の福祉の確保や日本全体の経済の下支えのために、行政主導で持続的に行われている。

制度設計する行政機関の担当者は、これまで商店街が生き残っていくためのさまざまな支援メニューを立案し実行してきた。その中で、1つのテーマのもとで、関係する商店街が市区町村の行政区の枠を超えて連携することは、その地域の活性化のみならず、これからの商店街にとって、大きなヒントやモデルになるという仮説のもと、広域支援型商店街事業の立案がなされたと推定される。また、自治体の枠を超えた複数の商店街が連携することで、相互の関係者が自らの商店街以外の考え方に触れることができ、お互いに啓発することで、自らを高める効果も期待されたであろう。

(2) これまでの流れ

広域支援型商店街事業は、これまで東京都内のさまざまな地域やキーワードのもとで実施されてきた。

これまで実行された事例の一部を紹介する。

【平成21年度】谷根千商店街

谷根千とは、文京区、台東区にまたがる谷中、根津、千駄木周辺地域を指す総称である。同地域は、森鴎外、夏目漱石、幸田露伴など、数多くの文豪を輩出しており、「文豪のまち谷根千商店街」のキャッチフレーズのもと、トークショーやスタンプラリーを実施した。

【平成23年度】文京区、台東区、墨田区、江東区の商店街連合会

東京都交通局ほかの協力のもと、4区の商店街連合会が、「江戸東京商店街・買物独（ひとり）案内舟めぐり・まち歩き」のキャッチフレーズのもと、江戸時代の買い物案内をモチーフとしたカタログの作成やスタンプラリーを実施して、隅田川沿いの商店街をPRした。

2 商店街（連合会）の具体的取組み（葛飾区商店街連合会・江戸川区商店街連合会）

(1) 商店街（連合会）をめぐる状況

葛飾区商店街連合会、江戸川区商店街連合会は、ともに東京城東エリアに位置する特別区の商店街連合会である。両区の人口は、葛飾区が約45万人（23区中9位）、江戸川区が約69万人（23区中4位）となっており、他の特別区と比べても、比較的多くの商店街後背地人口を有している。

商店街の概要
【商店街(連合会)名称】葛飾区商店街連合会 【所在地域】東京都葛飾区全域 【商店街(連合会)属性】広域型 【加盟商店街数】53商店街（約2,000店）
【商店街(連合会)名称】江戸川区商店街連合会 【所在地域】東京都江戸川区全域 【商店街(連合会)属性】広域型 【加盟商店街数】70商店街（約2,600店）

両商店街連合会とも、これまで代々の会長のもと、積極的な商店街活動を展開してきたが、それぞれを構成する商店街は、各地の近隣型、地域型商店街と同様、商店街と住民との関係性の希薄化が感じられる状況になってきていた。また、これまで商店街によるイベントなども数多く行われてきたが、「イベントの実施で売上が増加した実感があまりない」、「イベントの実施による来街者の増加で、飲食店の集客は増えているかもしれないが、物販店では客数増加の実感はあまりない」などの声が店舗から寄せられ、連合会として、全国の多くの商店街と同様、状況の改善が大きな課題となっていた。

(2) 取組みのきっかけ・流れ

葛飾区商店街連合会は、今回の江戸川区との連携の前に、広域支援型事業を何回か経験してきた。きっかけは4年前、墨田区と連携し、キャラクターの制定や商店街バルの実施、ケータイと実店舗への訪問を合体させた「国盗り物語」スタンプラリーなどを行ったことである。タワーつながり（スカイツリーと東京タワー）で港区との連携事業を経験してき

「国盗り物語」スタンプラリー

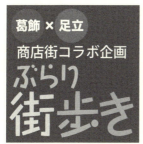

「ぶら街ガイドブック」

た墨田区商店街連合会のリーダーシップのもと、広域型支援事業の経験を積むことができた。

さらには、染谷会長自らが実行委員長となり、若手の力を活用したいとの委員長の意志のもと、立石商店連合会会長で葛飾区商店街連合会理事の坂田氏、亀有銀座商店街副理事の佐藤氏らが、若手グループの代表として、委員長を補佐することになった。

その後、足立区との連携事業では、コラボ企画として、まち歩きのガイドブック「ぶら街ガイドブック」を制作して、区民から好評を得るとともに、連携事業の経験値を高めてきた。

今回は、その経験値をもとに、隣接区である江戸川区の商店街連合会に声をかけた。葛飾区と同様、これまでさまざまな商店街活性化の取組みを行ってきた江戸川区商店街連合会（子どもに大人気のエドレンジャーは、松本会長自らの発案）だが、葛飾区と同様の課題を抱えていたため、申し出を快諾し、葛飾区と江戸川区の両商店街連合会により東京都広域支援型商店街事業にチャレンジすることになった。

エドレンジャー

(3) 取組みの担い手と仲間たちの動き

葛飾区、江戸川区ともに、抜群のリーダーシップと全体を取りまとめる力を有している染谷会長、松本会長のもと、実行部隊である若手が活動の大きな役割を果たした。両商店街連合会とも、構成する商店街の関係性は良好だが、それでもいろいろな意見が出てくる。

それらを粘り強く調整し、ここ一番の時には会長が個別に直接面談して、合意形成を行うこととなる。商店街でアクションを起こす場合には、この合意形成が一番大変、かつ重要なステップになる。地元企画会社との連携も重要で、この企画会社の実力が成果に反映されるため、十分な意思疎通と協力体制が必要なのはいうまでもない。

葛飾区では、さらにローカルエリアFM（かつしかFM）の商店街時間枠で、坂田理事の監修による継続的なイベントアピールが行われた。

かつしかFM

【具体的実施内容（その1）】

今回は、これまでの「国盗り物語」のスタンプラリーをさらに発展させた「宝探しゲーム」を、イベントのメインとした。タイトルは商店街探偵ゲーム「怪人Xからの挑戦状」。葛飾区、江戸川区ともに、11のエリアに区分けして、それぞれのエリア内の商店街に犯人のヒントとなるメモを入れたシルクハットを隠しておき、それを探し当ててもらうというもの。

ポイントは、葛飾区、江戸川区とも11エリアすべてを回らないと、犯人は特定できないところだ。商店街の中には、ヒントのボードが掲示してあり、そこで買い物をすれば、さらなるヒントカードがもらえる店舗が配置されている。

商店街探偵ゲーム
「怪人Xからの挑戦状」

筆者も2商店街を訪問したが、地元ではない悲しさか、自力では探し当てられず、店舗で買い物をしてヒントカードをもらい、ようやく見つけることができた。イベントが商店街への来街誘導となるのみならず、協力店舗の売上に直接つながる仕組みとなっているのである。

【具体的実施内容（その2）】

　商店街探偵ゲームイベントは、平成28年1月16日（土）から2月14日（日）の約1ヵ月にわたって実施されたが、このイベントでは、実施前より、葛飾区や江戸川区内の公的施設などで、イベントとかかわる各区の商店街を紹介し、犯人探しの前段階のストーリーをマンガにした小冊子「まんが下町商店街物語」を配布した。駅前の配布場所では、全部なくなったから追加してほしいなどの連絡も数多くあり、企画そのものの人気の高さがうかがえた。

大人気の小冊子
「まんが下町商店街物語」

　同小冊子は、葛飾・江戸川両区の教育委員会の同意のもと、それぞれの公立幼稚園や小学校などで配布することもできた。地元の歴史や商店街の成り立ちがわかるとともに、多くの地域住民が親子揃って地元商店街を訪問することが、公共の福祉にもつながる点を、教育委員会に評価されたと思われる。

【具体的実施内容（その3）】

　イベントに合わせ、葛飾・江戸川両区内の359店舗で、お得に買い物ができる「まんぷくとくとく手形」というクーポンブックを作成した。これは、飲食店だけではなく多くの物販店の協力を得て、

まんぷくとくとく手形

第3章　地域連携

基本的にワンコイン（500円）、もしくはその倍数での割引価格が適用されるというもので、多くの区民の支持を得た。

【具体的実施内容（その4）】

　江戸川区においては、イベント期間中の1月31日（日）に、「まんが下町商店街物語」の制作者と脚本家によるトークショーと、江戸川区の商店街を応援するエドレンジャーによるヒーローショーが開催された。ヒーローショーにおいては、白熱した演技に来場した地元の子どもたちから大きな声援が寄せられた。

トークショーとヒーローショー

【具体的実施内容（その5）】

　協力店舗で買い物をしたらもらえるヒントカードを一定枚数集め、応募用紙に貼り付けて事務局に送れば、抽選でゲーム機などの商品が当たるという試みを実施し、イベントが商店街の売上につながる2段構えの企画としている。

ポイントカード応募用紙

（4）取組みの成果

　前述したイベント関連の制作物は、「商店街探偵ゲームガイドブック」（宝探しの際に持ち歩くもの）11万部、「まんが下町商店街物語」8万部、「まんぷくとくとく手形」6万部が制作され、葛飾・江戸川両区の商店街連合会に加盟する商店街の店舗はもとより、60を超える駅や図書館などの公共施設で配布された。

　イベント終了後は、参加者へのアンケートなどをもとに、結果が詳細に分析されている。次ページに、その結果をまとめた資料の一部を抜粋して紹介する。

【参考資料：参加者・参加店へのアンケート調査結果からみたイベントの効果】

＜参加者について（回答者数 1,401人）＞

- **5割が両区を回遊**：参加者の半数は江戸川区・葛飾区両方を回遊しており、広域で連携し、開催したイベントの効果が表れていることがわかる（図表1）。
- **7割が飲食・買い物を楽しむ**：購入・利用の際に押印してもらえるスタンプをもらった人（1枚以上）は7割にものぼる。10枚以上も2割弱と参加店の売上に寄与したことがわかる（図表2）。1人当たり平均は4.1枚で、複数の店舗を買い回っている様子がうかがえる。
- **参加者の93%が満足**：参加者の93%が「楽しかった」と回答し、「まあまあ」を合わせると99%がイベントを楽しいと評価している（図表3）。

図表1 参加者の回遊率

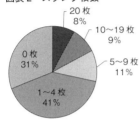

図表2 スタンプ枚数

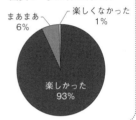

図表3 参加者の満足度

＜参加店について（回答店数 359店）＞

- **来店客層は家族連れが7割強。年代は30・40代が半数、10代以下の子どもも多い**：参加者の74%が「家族連れ」と回答している（図表4）。年代も30・40代とその子どもたちの10代以下の比率が高くなっている（図表5）。消費意欲の高い30・40代の比率が高いことは、イベントでの消費額の高さも推測される。また、これらの層がこれをきっかけに、今後商店街の顧客になる可能性も秘めており、このイベントの最大の効果といえる。
- **参加店の次回参加意向は6割強**：参加店の63%が「次回も参加する」と回答しており、「参加しない」との回答は5%と低い。イベントがもたらした参加店への効果は、少なからずあったものと思われる（図表6）。

図表4 来店客層（グループ構成）

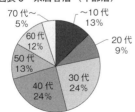

図表5 来店客層（年齢層）

図表6 参加店の次回イベント参加意向

＊複数回答、回答数を100として構成比を算出

出典（図表1～6）：「葛飾区商店街連合会、江戸川区商店街連合会連携事業報告資料」

3 | 診断士が診た、成功のポイントと今後の課題

(1) 成功のポイント

①「人の力」

広域連携では、多くの人間が関与することとなるため、「人」の力が何より重要である。トップの強い意志、若手部隊の実行力、提携する企画会社のアイディアを形にして実行に導く企画力など、それぞれの「人」が役割を果たすことが求められる。

今回の葛飾区と江戸川区の連携事業においては、トップ、若手実行部隊、企画会社とも、しっかりとそれぞれの役割を果たしたことが、最大の成功要因であると思われる。

②目的意識の共有

この連携事業の最大のポイントは、イベントがイベントのみで終わることなく、協力店舗の実質的な売上に貢献することを目的としたことである。その意図が構成する商店街と店舗に伝わったからこそ、多くの店舗（合計359店舗）の参加につながったのだと思われる。

③現代社会の課題を解決する企画であったこと

希薄化しつつあるさまざまな「つながり」を、ゲームによって強化しようという課題解決型の事業であったことも、成功のポイントである。地域住民と地元商店街との関係、親子で一緒に1つのことをすることが少ない家庭状況などの課題を、イベントで解決しようという企画が、ゲームという形をとったことで、より多くの集客につながった。

(2) 今後の課題

今後は、さらに商店街各店舗の参加意識、当事者意識を高めて、各店舗が運命共同体である所属商店街との協調体制を強化することが、両連合会の課題である。

第4章
再開発手法

● 不動産所有と利用の分離による中心市街地商店街の再生
民間主導での商店街再生の取組み
高松丸亀町商店街

不動産所有と利用の分離による中心市街地商店街の再生

民間主導での商店街再生の取組み

鈴木　隆男

1 このテーマ・取組みを取り上げる理由

　全国の商店街は衰退を重ねており、特に地方の商店街では危機的な状況が続いている。平成26年5月に発表された「増田リポート」では、このまま人口減少が進めば、「平成52年までに全国の市町村の半数が消滅する可能性がある」として、世間に衝撃を与えた。わが国全体が、適正規模に縮小していかなければならない時代に突入しているのである。

　商店街では、空き店舗が増加し地域全体が疲弊している。このような状況下で、不動産流動化の仕組みで地域から資金を調達し、商店街の再生を行っている事例が、人口減少時代の新しい取組みとして注目されている。

(1) 中心商店街区域の空洞化の進展

　中心市街地の商業・サービス業集積地では、空き店舗、空き地が発生、建物が老朽化し、空洞化が進んでいる。この問題は、不動産の低・未利用状態により発生するが、これは各店主が不動産を所有し商業経営を行う結果として生じる。小規模不動産経営による土地・建物の資産運用が行われることで、空き店舗の放置や望ましくない業種への賃貸などによる商店街区域全体の資産価値・収益性の低下が生じている。

　また、店主が土地などを担保として行う従来型の資金調達では、店舗の改修、新規の設備投資が行われず、建物の老朽化が進んでいる。

(2) 商店街実態調査からみた商店街の問題点

　商店街の衰退が叫ばれて久しい。その大きな原因の1つに、「経営者の高齢化による後継者難」がある。

図表1　商店街が抱える問題の推移

	1位	2位	3位
平成18年度	魅力のある店舗が少ない 36.9%	商店街活動への商業者の参加意識が薄い 33.4%	経営者の高齢化による後継者難 31.4%
平成21年度	経営者の高齢化による後継者難 51.3%	魅力のある店舗が少ない 36.9%	核となる店舗がない 27.2%
平成24年度	経営者の高齢化による後継者難 63.0%	集客力・話題性のある店舗がない 37.8%	店舗等の老朽化 32.8%
平成27年度	経営者の高齢化による後継者難 64.6%	集客力・話題性のある店舗がない 40.7%	店舗等の老朽化 31.6%

出典：中小企業庁「平成27年度商店街実態調査報告書」

「平成27年度商店街実態調査報告書」から商店街が抱える問題をみると、平成18年度では後継者難（31.4％）は3位であったが、平成21年度からは3期連続で1位となり、店主の高齢化・後継者不在が退店（廃業）の大きな理由となり、空き店舗発生の大きな原因となっている。

空き店舗が埋まらない理由の上位3つを、地主や家主などの貸し手側と、テナントなどの借り手に分けてみると、図表2のようになる。このうち、貸し手と借り手の双方に共通する事項は、家賃の折合いと店舗の老朽化になる。

地権者（地主と家主）の躊躇や不安を解消し、不動産利用の流動化を

図表2　空き店舗が埋まらない上位3つの理由

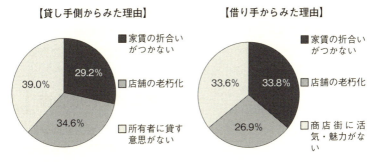

出典：中小企業庁「平成27年度商店街実態調査報告書」

促進させることで、家賃の折合いや店舗老朽化の問題が解決し、空き店舗の有効活用への道が開ける。

(3) 望ましくない業種への賃貸

新規出店者により空き店舗が埋まったとしても、必ず歓迎できる業種とは限らない。街や商店街の雰囲気、伝統と調和できる業種でなければ、悪い影響を与える。店舗構成を商店街または地域の性格に合わせて維持し、健全な管理運営を行うには、店舗構成の変化をコントロールする機能が必要になる。この健全な管理運営と不動産利用の流動化を行うためには、まちづくり会社が必要となる。

(4) 不動産の所有と利用の分離

不動産の所有と利用の分離とは、土地・建物などの所有者から、所有権を変更せず利用権を他の利用能力の高いものへ移転する、不動産の有効利用を促進するための考え方である。利用権は債権のため、所有権と比べ分割・統合、移転が容易で、中心商店街区域の所有権が細分化した地域の土地利用の共同化を図る上で有効である。

平成19年に借地借家法が改正され、事業用借地権の設定期間が10年以上50年未満になるなど、不動産の所有と利用の分離を促進するための環境整備が進んでいる。

2 | 商店街の具体的取組み（高松丸亀町商店街）

(1) 商店街をめぐる状況

高松丸亀町商店街は、高松市の中心市街地に位置する全長470mの商店街で、有名ブランドを取り扱う商店が多く、流行の先端を行く商店街として、四国全土から集客があった。

昭和47年には、モータリゼーション時代を見据え丸亀町不動産(株)を設立し、駐車場建設を行っていた。将来の不動産取得に備え、意思決定が迅速に行える株式会社の形態とした。この駐車場運営による収益が、後のさまざまな挑戦の原資となった。

昭和63年、バブルの最盛期に丸亀町開町400年祭を108日にわたっ

商店街の概要

【商店街名称】高松丸亀町商店街振興組合
【所在地域】香川県高松市丸亀町1丁目周辺
【商店街属性】広域型
【商店街加盟店数】約150店
【特徴】高松市を代表する商店街

て開催した。同年4月には瀬戸大橋が開通し、本州から大手流通資本が一気になだれ込んできて、高松丸亀町商店街の売上は10年間でピーク時の年間270億円から120億円まで減少した。昭和63年ごろ約30万 km^2 だった高松市内の売場面積は、10年間で2倍の60万 km^2 超となった。

高松丸亀町商店街壱番街前のドーム

(2) 取組みのきっかけ・流れ

バブル期には、全国で駅前の再開発や郊外型ショッピングセンターの建設が盛んに行われ、高松市でも地元スーパーによる郊外型大型店の出店が始まっていた。

400年祭の大盛況の中、当時の鹿庭理事長が、このままで500年祭が迎えられるのかと疑問を呈し、組合青年部に商店街の大改造計画を指示した。そこで、青年部を中心に、再開発に失敗してさびれている商店街の視察を行い、駅前などの中心市街地再開発の失敗には、一定の原則があることに気がついた。

行政主導の開発ではマネジメント機能がないため、再開発会社に丸投げをする。再開発会社は企業として利益を追求し、ビルにキーテナントを誘致しオープンさせるといなくなる。もともと人が集まらない場所を再開発するため、キーテナントは収益をあげられず撤退する。その床を埋めるため、行政は税金を使うという図式がみえてきた。

ここから導き出された課題が、①共同化による合理的な土地利用、②ある程度の規模の商業床と魅力的な都市空間の創出、③商店街全体をショッピングセンターとみなした最適なレイアウトの考慮、④業種の偏りをただすマネジメントで、土地を持っている地権者たちで責任を持ち

ドームから見た壱番街

収益化、の4つであった。この内容をまとめたレポートを市と県に提出したが、相手にされなかった。

(3) 取組みの担い手と仲間たちの動き

当時の通産省に赴き話をしたところ、規制緩和で流通業界が大混乱している時代で、若手の官僚の中に同じ問題意識を持つ人たちがいて、勉強会を開催することになった。再開発、公的支援制度、仕組みづくりなどを考えるには、都市計画、建築学、経営学、法律、金融、商業知識などさまざまな専門知識が必要になり、勉強会にはその分野の第一人者の㈱まちづくりカンパニー・シープネットワーク・西郷真理子代表取締役、横浜国立大学・小林重敬教授などの専門家が集められた。

こうした専門家を何人も高松市に呼ぶのは、日程や費用の面で困難であり、最初は鹿庭理事長、明石常務理事、住民代表の古川氏の3人が、毎月東京へ赴いた。勉強会では、地方都市の商店街をモデルにした住民発のまちづくりビジョンが考えられ、この勉強会は、メンバーの交代を繰り返し12年間続いた。

平成元年ごろ、専門家チームによる東京委員会が設置され、地権者とのワークショップが行われた。この費用には、昭和59年に完成した高架式の第1号駐車場の収益があてられた。現在、第5号駐車場まで建設され、運営収益は2億円ほどになっている。

東京委員会の活動の中から、再開発事業という新たな商店街再生構想が生まれ、実行に移されていった。再開発には補助金を利用し、収益があがる事業を起こして継続的に再投資を行い、利益は地元へ還元するこ

とを目的として、地域の中で資金が循環する仕組み（スキーム）をつくっていった。

この再開発では、地元住民が中心となって第3セクターの高松丸亀町まちづくり（株）（以下、「まちづくり会社」）を平成10年に設立し、商店街全体のマネジメントを担った。具体的には、まちづくり会社がデベ

商店街収益事業の駐車場

ロッパーとなって保留床を取得して、再開発ビルを経営し、街に必要な機能をビジネスとして果たした。まちづくり会社が一括してマネジメントを行うことで、商店街の景観保全、業種の偏りの是正、商店街全体のテナントミックスによる店舗や施設の最適な配置が可能となり、一貫性のある商店街の再生が実現した。

運営に関しては、商店街のスタッフではなく、テナントシーリング、商業ビル運営管理、プロモーション、経理など、まちづくり会社の事業内容に即した専門スキルのあるメンバーが集められた。パルコでの実績がある女性がマネジャーに、それ以外は公募して、120人の応募者から6人を採用した。

資本金1億円のまちづくり会社は、行政が5％、商店街が95％出資した民間主導型の第3セクターで、資本金は駐車場運営収益が原資となった。再開発の初期費用については、行政支援を一部受けたが、設備維持費、人件費、その他経費は自主財源で賄う収支計画を立てた。

（4）丸亀町再開発事業とは

丸亀町再開発事業は、「人が住み、人が集うまち」をコンセプトに、高松丸亀町商店街が構想から約20年かけて取り組んだ事業で、「出会い」、「にぎわい」、「おもてなし」にあふれ、買い物だけでなく、暮らしのさまざまなシーンで楽しめる商店街、高齢化社会にも対応できる街を目指して進められた。

同再開発事業では、短期間で着手するための手法として小規模連鎖型

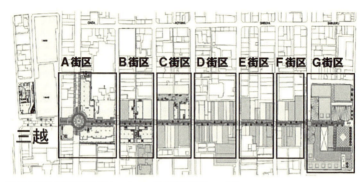

出典:高松丸亀町商店街ホームページ「再開発について」

高松丸亀町商店街AからGまでの街区

開発を採用し、全長470mの商店街をA〜Gの7つの「街区」に区切り、段階的に再開発を行った。各街区に「美・健康・ファッション・アートカルチャー」などの役割を持たせ、全体を開発した。公園や飲食店、生活雑貨店、福祉サービスなど、これまで当商店街に不足していた機能を段階的に補っていく計画を立てた。

平成17年1月、既存建築物の除去工事に着工し、同18年に竣工したA街区は、高松三越の協力を得ながら整備が進められ、都市再生特別地区に指定された。第一種市街地再開発事業、特定民間中心市街地活性化事業の認定も受けて、丸亀町壱番街としてよみがえり、商店街全体を再生する第一歩となった。翌平成19年には、北部三町ドーム(丸亀町壱番街前ドーム広場)が竣工した。

また、弐番館、参番館(B・C街区)では、街並みイメージの統一のためデザインコードを策定するとともに、住民提案型(街の自主規制ルール)の地区計画を導入し、建物の高さ制限や壁面位置の設定を行い、国や県・高松市の補助金も利用して、デザインコードによるアーケード建設や街路の補修を行った。

(5) 商店街の限界を乗り越える「土地の所有と利用の分離」

事業スキームに、「所有権と利用権の分離」と「オーナー変動地代家

賃制」を採用した。同再開発事業では、土地の所有を変えずに、ビルの保留床をまちづくり会社が取得する事業スキームとし、土地価格を再開発の初期費用として事業費に反映させない仕組みにしている。

B・C街区の工事中の囲い

地権者はそれぞれの土地を所有し続け、まちづくり会社と定期借地権契約を結び、土地を賃貸する。そして、建物はまちづくり会社が所有・運営し、家賃収入から建物の設備維持費、人件費など必要な経費を除いた分を地権者に分配する。地権者はこの事業に土地を投資し、地代という形で配当を得ている。この仕組みで、土地の所有と利用が分離され、土地はまちづくりに望ましい形で合理的に利用されていくことになった。

また、まちづくり会社が建物全体を一体的に運営することができるため、エリアマネジメントが合理的かつ体系的に進められるメリットがある。この事業に土地を投資し、運営をまちづくり会社に委託することについて、地権者からの合意を得ることが最大の課題であった。

最初の全員同意型のA街区をまとめるために、精度の高い収支計画を示しながら4年間で1,000回以上の話合いを行い、再開発に消極的な地権者や借家権者、借地権者を含め67人全員を説得した。地権者会議と並行して行った行政、設計・建築業者や金融機関との調整も困難を極めた。負債を抱える地権者の救済を最初に考え、事業に補助金を導入して、地権者に補償金として渡し、銀行への返済に全部利用できるようにした。借入金を返済した地権者がまちづくり会社に土地を賃貸し、運営を任せるという「所有権と利用権の分離」をまちづくりに活用したのは、全国ではじめてであった。

オーナー変動地代家賃制では、地権者が土地を「投資」するが、「リスク」と「リターン」を伴う。地権者はテナントの売上から家賃収入（リターン）が期待できるが、その額は一定ではなく、テナントの売上によって増減するリスクを含んでいた。こうした仕組みでは、地権者は

図表3　資金運営の仕組み

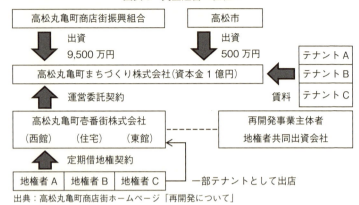

出典：高松丸亀町商店街ホームページ「再開発について」

テナントと協力して売上増に努め、建物を管理・運営するまちづくり会社も、その能力の向上を目指す必要があった。

　地権者、テナント、まちづくり会社が同じリスクを担い、「お客様満足の向上」という同じ目標を目指して協同で事業に取り組むことが、街全体の魅力を高めていくことになる。

　バブル崩壊後、店主たちは業種転換や新商品開発などの方向を模索していたが、地価が下落し、客離れが進んでいた商店街に対し、再建のための融資を行う金融機関はなかった。この行き詰まりが、大胆な発想の転換に結びついた。

(6) 取組みの成果

　平成18年に竣工した高松三越や高級ブティック、レストラン、マンションからなる丸亀町壱番街は、1年後の売上が10億円から30億円と3倍に増加し、通行量も1万2,000人から1万8,000人へ1.5倍となり、B・C街区、G街区へと続く開発への弾みとなった。上部階には、定期借地権付きマンションが、壱番街に42戸、参番館に42戸、丸亀町グリーン（G街区）に96戸つくられて完売され、全体で400戸のマンションが商店街区の上に生まれた。62年後には取り壊されるため、相場より4割ほど安く販売した。商店街の住人も、75人から500人に増

加した。

　また、丸亀町壱番街東館4階には、展示会・販売会などの商業活動や発表会・講演会・セミナー、劇団やライブ公演が行える丸亀町レッツホールや、各種講座や会合、展示会、セミナーなどのコミュニティ活動に利用できる今までにはなかったコミュニティ施設がつくられた。

　行政側にも、大きなメリットが派生した。開発後、丸亀町壱番街の固定資産税は、400万円から3,600万円と一気に3,200万円増加した。次に完成した弐番館、参番館（B・C街区）でも428万円から3,740万円となり、3,312万円増加した。固定資産税の増加は、高松市にとって大きなメリットとなった。同市の場合、インフラが整備された中心市街地の1人当たりの行政コストは880円ほどであるが、郊外になるとインフラ整備に資金がかかり、5,000円ほどにはね上がる。

　高松丸亀町商店街の取組みは、中心市街地の再生には、土地の問題を解決し、商業や住居などの暮らしのインフラを中心市街地にまとめることが重要であることの実証例となった。

3 ｜ 診断士が診た、成功のポイントと今後の課題

(1) 成功のポイント

　バブル崩壊後、倒産などにより店主が土地を手放すケースが続出したため、組合は駐車場整備事業の収益を使い土地を買い上げ、地域の土地所有権の分散を防いでいた。丸亀町では、土地を有効にマネジメントする必要性を認識していた。

　古川理事長が考える再生が成功した理由とは、本気で子どもや孫たちに自分たちの地域や街を残そうとする気持ちで取り組んだことである。土地から逃げられない「地権者」として、責任を全うする覚悟も必要であった。開町400年を経た丸亀町には、いざという時に団結する地域コミュニティの力が現存していた。再生には、いろいろな条件があったが、鹿庭前理事長の先見性や古川理事長の経営能力などによるリーダーシップがあってはじめて満たすことができる条件である。

　人口減少時代の商店街再生には、土地をコントロールする仕組みを持つこと、たくさんの居住者を取り戻すことを目的に、民間の知恵を活用

して身の丈に合った再開発を自ら行うためのリーダーシップが求められる。行政には、地権者が決断できる環境づくりと、補助金を投資として考えることが必要である。使われた補助金が税として還元されれば、地方分権を支える基礎財源となる。

(2) 今後の課題

単にものを売買する場所としての商店街モデルは、消費者からの支持を失っている。商店街は、公共性に目覚めなければ存在意義を失う。商店街は、たくさんの人が生活し、集い出会い、新しいビジネスが生まれ、新しい仕組みがつくり上げられるエリアのステージである。

地域商業者は、行政や地域の住民とともに自らの街を育て、地域特性を重視し、地域価値を高めるためのエリアマネジメント活動を行うことが必要となっている。

エリアマネジメントは、地域の防犯・緑化や環境の維持・向上などのため、住民が中心となって行われる活動や商業・業務地で行われる地域活性化活動を指している。また、「つくる」だけではなく「育てる」を重視し、関係者の主体的参画と取組み費用の関係者負担を特徴としている。

【執筆・編集者一覧（50音順）】

執筆

伊藤 智昭（いとう ともあき）
中小企業診断士、日商簿記1級、建設業経理士1級、
伊藤コンサルティング事務所所長
東京都足立区在住
tomoaki-i@tomocons.com

遠藤 光司（えんどう こうじ）
中小企業診断士、(株)全国商店街支援センター・支援パートナー、
商店街研究会副会長
東京都江戸川区在住
endok@withe.ne.jp

No Photo

大嶋 謙一（おおしま けんいち）
中小企業診断士
東京都江戸川区在住
4649oshimakenichi@gmail.com

No Photo

大場 敬子（おおば けいこ）
中小企業診断士、MBA
神奈川県横浜市在住
mail.to.keiko0122@gmail.com

三海 泰良（さんかい やすよし）
中小企業診断士、MBA（経営管理学修士）、お肉博士、
JAグループ診断士会会長
東京都世田谷区在住
y.sankai@gmail.com

田村 隆彦（たむら たかひこ）
中小企業診断士
東京都世田谷区在住
ttamura.bl@gmail.com

田島 哲二（たじま てつじ）
中小企業診断士、技術士（情報工学）
東京都世田谷区在住
te-tajima@u02.itscom.net

富田 良治(とみた よしはる)
中小企業診断士、ITストラテジスト、富田IT経営コンサルティング合同会社代表社員
東京都府中市在住
tomita@titc.co.jp

永井 謙一(ながい けんいち)
中小企業診断士、永井経営事務所代表
東京都世田谷区在住
kenn.nagai@gmail.com

中島 誠(なかじま まこと)
中小企業診断士、一級販売士、中島誠経営コンサルティング事務所代表
千葉県我孫子市在住
nakajima@mnakajma.com

No Photo
西岡 邦彦(にしおか くにひこ)
中小企業診断士、一級販売士、プライバシーマーク審査員補
東京都目黒区在住
fwii1365@gmail.com

本田 崇(ほんだ たかし)
中小企業診断士
東京都練馬区在住
honda.t126@gmail.com

松原 憲之(まつばら のりゆき)
中小企業診断士、フード&ビバレッジビジネス研究所代表、(株)全国商店街支援センター・支援パートナー
東京都世田谷区在住
noriyuki.kyoudou@sirius.ocn.ne.jp

村上 章(むらかみ あきら)
中小企業診断士、行政書士、商店街研究会副会長、実践経営コンサルティング(株)代表取締役
東京都台東区在住
a.mura702@nifty.com

柳田 譲(やなぎだ ゆずる)
中小企業診断士、柳田コンサルティング事務所代表
東京都新宿区在住
y-yanagida@beach.ocn.ne.jp

山中 令士（やまなか れいじ）
中小企業診断士、証券アナリスト、商店街研究会副会長
東京都小金井市在住
reijiyamanaka@gmail.com

執筆・編集

秋山 典克（あきやま のりかつ）
中小企業診断士、日本ビジネスリンク(有)代表取締役、よろず連携センター代表
千葉県印西市在住
aki0941@car.ocn.ne.jp

板橋 春太郎（いたばし しゅんたろう）
中小企業診断士、一級販売士、商業施設士
埼玉県志木市在住
julius519@outlook.com

小澤 栄一（おざわ えいいち）
中小企業診断士、一級販売士、ハーマンモデル・ファシリテーター
埼玉県さいたま市在住
doramon2006jp@yahoo.co.jp

鈴木 隆男（すずき たかお）
中小企業診断士、商業施設士、一級販売士、商店街研究会会長、(一社)地域振興支援協会代表理事
東京都江東区在住
ta.suzuki@h7.dion.ne.jp

野口 佐智子（のぐち さちこ）
中小企業診断士、MBA
東京都大田区在住
snoguchi0330@outlook.com

商店街研究会
15周年記念出版完成のお礼

　私たちは、東京都中小企業士協会認定商店街研究会の設立15周年を記念した出版を企画いたしました。構想から1年を経て、ようやく出版の運びとなりました。これもひとえに、この間、辛抱強く貴重なアドバイスをしていただいた株式会社同友館の神田様をはじめ、ご担当者様のご尽力の賜物と厚く感謝申し上げます。

　当研究会は、原則月1回、話題の商店街を視察し、年に2回は座学として行政・公的機関の商店街担当者を招き、いろいろな取組みや施策などの情報を収集して切磋琢磨しています。このようにして蓄積したノウハウを、今回は東京だけではなく地方の商店街にも活用していただきたいという視点から、本書を発刊いたしました。

　お忙しい中、商店街の理事や事務局の方々に何回もヒアリングを行い、意見交換を重ねながら、中小企業診断士の視点で書き上げました。商店街の成功事例、失敗事例、工夫点などをご紹介できたことは、商店街関係者の皆様のご協力の賜物であり、ここに重ねて感謝申し上げる次第です。

　こうした皆様の温かいご支援の賜物として、本書の出版を無事成し遂げることができました。今後もメンバー一同、商店街の活性化という使命達成に向けて歩んでまいりたいと思っております。

　皆様の倍旧のご支援を、どうか引き続きよろしくお願いいたします。

平成29年8月　良き日に

　　　　　　　　　　　　　　　　　　執筆者・編集者を代表し
　　　　　　　　　　　　　　　　　　商店街研究会　秋山　典克

TOKYO＋(プラス) ひときわ輝く商店街

2017年9月15日 初版第一刷発行

編著者　　商店街研究会
発行者　　脇坂康弘
発行所　　株式会社 同友館
　　　　　〒113-0033
　　　　　東京都文京区本郷3-38-1
　　　　　TEL 03-3813-3966
　　　　　FAX 03-3818-2774
　　　　　http://www.doyukan.co.jp/

装　丁　　菊池 祐（ライラック）
印　刷　　三美印刷
製本所　　松村製本所

©2017, Printed in Japan　ISBN 978-4-496-05293-4

落丁・乱丁本はお取り替えいたします。

本書の内容を無断で複写・複製（コピー）、引用することは、特定の場合を除き、
著作者・出版者の権利侵害となります。